新编21世纪高等职业教育精品教材
文秘类

秘书职业概论

（第二版）

主　编◎吴良勤　王　曦
副主编◎李婷婷　丁伯送　刘广富
参　编◎郭向阳　刘　晔　邵凯翔

中国人民大学出版社
·北京·

图书在版编目（CIP）数据

秘书职业概论 / 吴良勤，王曦主编 . -- 2 版.
北京 ：中国人民大学出版社，2025. 7. --（新编 21 世纪高等职业教育精品教材）. -- ISBN 978-7-300-33979-5

Ⅰ. C931. 46

中国国家版本馆 CIP 数据核字第 202569UN57 号

新编 21 世纪高等职业教育精品教材·文秘类

秘书职业概论（第二版）

主　编　吴良勤　王　曦
副主编　李婷婷　丁伯送　刘广富
参　编　郭向阳　刘　晔　邵凯翔

Mishu Zhiye Gailun

出版发行	中国人民大学出版社		
社　　址	北京中关村大街 31 号	**邮政编码**	100080
电　　话	010－62511242（总编室）		010－62511770（质管部）
	010－82501766（邮购部）		010－62514148（门市部）
	010－62511173（发行公司）		010－62515275（盗版举报）
网　　址	http://www.crup.com.cn		
经　　销	新华书店		
印　　刷	北京昌联印刷有限公司	**版　　次**	2020 年 1 月第 1 版
开　　本	787 mm×1092 mm　1/16		2025 年 7 月第 2 版
印　　张	11	**印　　次**	2025 年 7 月第 1 次印刷
字　　数	178 000	**定　　价**	35.00 元

第二版前言

教材建设体现国家意志，是国家事权。落实教材建设国家事权，加强教材建设和管理，是推进实施科教兴国战略、人才强国战略、创新驱动发展战略的基础性、战略性工程。

《秘书职业概论》是中国人民大学出版社、全国商务秘书与行政助理专家委员会共同组织编写的现代文秘专业系列教材之一。党的二十大以来，国家对教材建设的要求越来越高，基于职业教育产教融合、科教融汇的新特点，以及相关高职院校一线教师、学生的意见和建议，我们于2024年启动了本教材的修订工作。

本教材的修订在保留第一版体例特色、相关内容的基础上，编写团队积极尝试，力求创新，在以下几个方面做了完善：

一是进一步提高思想认识。党的二十大报告指出“深化教育领域综合改革，加强教材建设和管理”，这为新时代教材建设指明了方向。编写团队通过集体学习和自学相结合的形式，认真学习关于教材建设的要求，为教材修订打下理论基础。新版教材以党的二十大精神为引领，全面贯彻党的教育方针。

二是进一步优化教材结构。在教材结构总体不变的情况下，每一章增加了知识目标、技能目标和素质目标；根据数字时代对秘书的新要求，更新相关内容与案例；丰富课后练习和相关阅读材料，增加了数字资源链接。

三是进一步突出素养教育。结合秘书专业发展历程和岗位现实需求，明确了本课程的育人目标，把导向正确、积极向上的传统文化、工匠精神、劳模精神等融入教材中。

四是进一步凸显产教融合。为了进一步增强教材的实用性和针对性，在教材修订过程中，编写团队走访了国内知名的秘书学专家及知名企业的总经理、人事经理、总裁秘书等，并邀请中创慧文（北京）科技有限公司总经理郭向阳、南京鼓楼城市管养集团有限公司党政办公室主任邵凯翔参与教材的修订工作。

参与本次教材修订工作的编者为秘书专业骨干教师和秘书工作一线从业人员，有着丰富的理论和实践经验。本书由吴良勤（南京城市职业学院）、王曦（湖南司法警官职业学院）担任主编，李婷婷（湖南司法警官职业学院）、丁伯送（南京城市职业学院）、刘广富（湖南司法警官职业学院）担任副主编，郭向阳［中创慧文（北京）科技有限公司］、刘晔（钟山职业技术学院）、邵凯翔（南京鼓楼城市管养集团有限公司）参与编写。

本书在修订过程中，全国知名秘书学专家陈学广教授、杨群欢教授、金常德教授给予了尽心指导与帮助；魏红女士几次通读书稿，对书稿格式、文字等提出了很好的建议；编者还借鉴、参考了秘书学界前辈的研究成果，在此对所有帮助和支持本书编写的领导、同事、家人表示衷心的感谢。

需要特别说明的是，受时间限制，以及许多参与教材第一版编写的老师调整了工作单位或岗位，不再从事秘书及相关专业教学研究，在此次修订时，我们对编写人员进行了调整。在此，向参与本书第一版编写工作的各位老师表达深深的谢意。

囿于学识疏浅、时间紧迫，教材中错漏肯定犹存，真诚地希望秘书学界前辈、专家、学者，以及使用本书的秘书专业教师、学生，对本书提出宝贵意见，以便在日后修订时日趋完善，意见和建议可以通过电子邮件发送至 75118434@qq.com，谢谢！

吴良勤

目　录

第一章

秘书概述

教学目标

知识目标

1. 理解秘书的定义和职业特征。
2. 掌握秘书的分类。
3. 认识秘书角色意识的关键要素。

技能目标

1. 能够概述秘书的工作内容和职责。
2. 能够准确区分不同类型的秘书。
3. 在实际工作中能够展现秘书的专业素养。

素质目标

1. 树立对秘书职业的正确认知。
2. 培养责任感和细致、耐心的职业品质。
3. 强化保密意识，确保秘书工作中的信息安全。

第一节 秘书的定义

案例导入

在文学或影视作品中，秘书往往被描绘成外表靓丽、气质高雅、身着时尚服饰的女性形象，让人们误以为秘书只注重外貌和年轻。然而，实际上，现代秘书的角色远不止于此。现代秘书的角色实则是一座桥梁，连接着企业的每一个“细胞”。他们不仅是信息的筛选者与传递者，更是专业技能与广泛知识储备的集大成者。在日常工作中，他们运用精湛的办公技能，高效处理文件、安排会议、管理日程，确保公司运营的每一个细节都井然有序。

更为关键的是，现代秘书还扮演着组织者与协调者的角色，他们需具备敏锐的洞察力和卓越的沟通技巧，能够平衡各方利益，化解内部矛盾，促进团队合作的顺畅进行。在关键时刻，他们甚至能展现出非凡的决策辅助能力，为领导层提供基于数据的理性分析和前瞻性的建议，助力企业把握机遇，规避风险。

此外，面对突如其来的挑战与问题，现代秘书还需具备强大的应变能力和解决问题的能力。他们能够迅速分析问题的本质，调动资源，制定解决方案并有效执行，确保公司运营不受影响。这种能力，不仅体现了他们的专业素养，更是对“秘书”这一职业内涵的深刻诠释。

讨论：请查阅和收集古今中外有名的秘书人物的相关资料，并与同学一起讨论你眼中的秘书是一个什么样的角色。

秘书是广泛的社会职业之一，也被誉为世界上常青的职业。我国秘书的历史源远流长，但是秘书作为一种社会职业是从 20 世纪 80 年代开始的。改革开放开启了我国秘书的职业化进程，秘书职业逐步走上了制度化、规范化的道路。秘书职业已经成为当今社会的热门职业之一，受到越来越多有志青年的青睐。

一、“秘书”词义的演变

“秘书”一词在国内外都由来已久。在国外，“秘书”一词源于拉丁文的

“secretarius”，意思是“可靠的职员”。英语中的秘书（secretary）与秘密（secret）有着密切的联系。现代西方国家的秘书概念形成于资产阶级工业革命时期，是工业社会的产物，主要指一种职位或者职业及具有此职位的职员或者从事此职业的人员。在我国，秘书的历史源远流长，据史书记载，距今已有 3 000 多年的历史。

在我国，“秘书”的含义几经变化，主要包括以下几个方面：

一是指宫禁中的秘藏之书，即藏在皇宫、秘府中的经籍。

二是指谶纬之书，具体指巫师、方士的预言之书等。

三是指官员职务名称，其职责侧重于记载“秘书”，负责管理奏章函牍、御旨秘籍等工作。

四是职务之称，指行政职务，偏重行政实务工作，如清朝的师爷等。

以上几点，与今天所说的现代意义上的“秘书”的含义大不相同。当今的秘书已成为一个广泛的社会职业，在公共领域和私人领域都有秘书岗位及角色，并且分工更细化，角色也更多样。

二、秘书的不同定义

目前对于秘书的定义尚无统一的看法，有代表性的说法主要有以下几种。

（一）国际权威组织与机构对秘书的定义

1. 国际职业秘书协会对秘书的定义

秘书是具有熟练的办公室工作能力，不需上级敦促即能主动负责、积极进取，干练果断，能在授权范围内做出正确决定的经理助手。

2. 国际劳工组织对秘书的定义

在职业分类中，秘书通常被归类为行政和秘书职业群体的一部分。他们负责执行各种行政和文书任务，包括文件管理、会议组织、通信管理、时间管理和其他日常办公任务。

3. 国际标准化组织对秘书的定义

在办公管理和行政管理领域的国际标准中，秘书的角色通常与文件管理、会议组织、时间管理和其他行政任务有关。这些标准旨在提高办公效率和效果，确保秘书能够高效地为领导和组织提供支持。

（二）我国秘书研究学者及权威组织对“秘书”的定义

1. 常崇宜对秘书的定义

秘书是从事信息性、事务性、技术性工作，近距离综合辅助领导决策与管理的职员。

2. 杨树森对秘书的定义

秘书是直接为领导、主管或雇主提供辅助管理、综合服务，并以脑力劳动为主的工作人员。

3. 谭一平对秘书的定义

秘书是为了给上司创造最佳决策环境的人。

4.《秘书国家职业标准》对秘书的定义

秘书是从事办公室程序性工作、协助上司处理政务及日常事务并为决策及实施提供服务的人员。这一定义明确了秘书的工作职责和范围，即协助领导处理各种事务，提供行政支持和专业服务。

5.《中华人民共和国职业分类大典》对于秘书的定义

在《中华人民共和国职业分类大典》中，秘书被归类为行政事务处理人员，是从事文书、会议办理，并为各类办公事务处理提供服务的人员。其主要工作任务为：使用办公设备，处理公文和信函；接待来访，进行信息分流、客户分流及其他事务性工作，处理查询事项；安排各类会议，整理、发放会议资料；进行业务联系、事务处理，辅助上级决策，并随从服务；管理文件、档案；管理、使用办公设备与用品。

长期以来，秘书这一职业在社会公众心目中的形象一直是多面。从不同的角度观察，有人认为秘书长相出众，风光无限，陪伴在领导左右；而另一些人则觉得秘书缺乏鲜明个性，默默无闻，为他人默默付出。秘书的角色定位也众说纷纭，有人认为他们是领导的得力助手，也有人认为他们是领导时间的管理者，这些评价多偏向积极。然而，也有人消极地评价秘书为领导的传声筒或花瓶，各种评价不一而足。这些多样化的看法反映了社会对秘书职业角色的复杂认知和期待。

阅读资料

秘书日

在美国，秘书是一个兴盛的职业，数百万名秘书分布在各行各业。这样一个独特的群体，具有很高的职业化水平和职业认同感。为了肯定秘书的贡献，1952 年，两位美国资深秘书提议创立秘书日，很快得到批准，并且于 6 月 1—7 日设立全美第一个秘书周，6 月 4 日为秘书日。1955 年，美国秘书协会（1981 年改为国际职业秘书协会）将秘书周定在每年 4 月最后一个完整的星期，而这周的星期三为秘书日。每一年的秘书周都会设立一个主题，举办相关庆祝活动。每逢秘书日，主管们通常会为秘书送上祝贺卡或鲜花等礼物，表达自己对秘书的一份心意。随着国际职业秘书协会影响力的扩大，秘书日在全美乃至全世界得到了普及。

三、秘书职业的特征

秘书职业的特征具体体现在以下四个方面。

（一）工作的依存性

作为秘书，在开展工作时必须以领导活动为中心，并受制于领导活动。除了处理常规性事务外，秘书绝大多数行为的启动、运行和终止，都要受到领导活动的制约，所以其工作具有较大的依存性。

（二）服务的全面性

秘书的工作岗位已规定了它的角色归属，即为其服务对象提供服务，而且这种服务应该是直接的、全面的。从辅助领导决策，沟通协调各种关系，到办公室事务管理、文书档案管理，从接待工作、会务工作，到调研工作、信访工作等，无不体现出秘书为其服务对象提供服务的全面性。

（三）角色的差异性

秘书角色事实上是一个较模糊的、有很大差异性的角色。之所以有这样的差异性，主要是由服务客体（秘书）和服务主体（领导）两个因素决定的。就服务客体而言，有的秘书有雄才大略，有较强的管理能力，而有的秘书有较强的公关能力，能左右逢源等；就服务主体而言，其素质的不同更是决定了秘书角色的差异性。

比如，有两位领导，分别是 A 公司的总经理和 B 公司的部门经理。这两位领导的性格、工作方式和对秘书的期望都存在显著差异。A 公司的总经理是一位富有远见和战略思维的领导者。他经常需要处理复杂的商业决策，参与高层会议，并与多个合作伙伴进行沟通。因此，他的秘书需要具备出色的组织能力和协调能力，能够高效地安排日程、准备会议材料，并在必要时协助总经理进行商务谈判。这位秘书还需要具备高度的保密意识，因为总经理经常需要处理敏感的商业信息。相比之下，B公司的部门经理则更注重日常运营和团队管理。他的秘书更多地负责处理部门内部的行政事务，如文件归档、员工考勤等。此外，由于部门经理经常需要与下属沟通，他的秘书还需要具备良好的人际交往能力，能够协助经理处理员工的问题和反馈。由于这两位领导的素质和工作方式不同，他们对秘书的期望和要求也截然不同。因此，即使两位秘书从事的是相同的工作，但他们在工作中扮演的角色、承担的责任和所需的技能都存在一定的差异。这正是服务主体素质不同所导致的秘书角色差异性的体现。

（四）才能的复合性

无论是公务秘书还是私人秘书，领导往往都要求秘书能一人多用。特别是在私营企业，领导更是要求秘书既能撰写文稿，又能处理文书档案；既要会办公自动化操作，又要懂外语；既要管好内部事务，又要善于公关协调。也就是说，要求秘书有“十八般武艺”，样样能行，场场能上，是一个复合型人才，这充分体现了秘书才能的复合性。

阅读资料

浅议对“秘书”的几点误解

秘书作为组织中的桥梁、纽带，起到联系上下、沟通内外、协调左右的重要作用，是领导的参谋助手，也是组织的中枢力量，承担着“三服务”的重大责任。当今秘书成为庞大的职业群体，内部成员素质参差不齐、职业特性多种多样等各种因素，导致领导同事、社会公众，甚至是秘书人员自身都对秘书角色认知产生一定的偏差，从而影响秘书工作的整体发展。

对于秘书职业的误解，主要有以下三种情况：

一、轻视秘书职业

首先，从秘书职业特点来看，主要有辅助性、服务性、从属性、被动性、保密性等，其中被动性以及从属性往往被过分放大，将秘书等同于仆人、阿谀奉承之流，忽视其主观能动性的发挥，没有认识到秘书工作的服从不盲从、尊重不谄媚、尽职不越位的职业要求。

其次，没有正确认知现代秘书工作，从传统认知出发，认为秘书做的都是端茶倒水、抄录文件的基础工作。20 世纪 90 年代，秘书工作就提出了“四个转变”的新要求：从偏重办文办事转变为既办文办事又出谋划策，从单凭老经验办事转变为科学化管理，从简单收发信息转变为综合处理信息，从被动服务转变为主动服务。

再次，一小部分秘书笔杆子功夫不硬，只会写套话、官话，产生了一批“八股化”文章，毫无新鲜感，说服力缺失，导致社会群体认为秘书工作的“书”没有技术含量，抄抄写写即可完成工作，殊不知，秘书工作中的笔上功夫既是秘书能力的集中体现，也是秘书思想的精华所在。

最后，对秘书职业性别存在偏见，秘书职业呈现出女性化、年轻化等特点，对于女性秘书而言，“花瓶”等戴着有色眼镜的称号屡见不鲜，市面上的影视作品、书籍、网络信息等也存在对公众误导的嫌疑，让秘书人员承受巨大压力，导致秘书人才的流失。秘书工作内容庞大繁杂，要根据具体工作内容选择合适人选。

二、夸大秘书职业

首先是抬高秘书职业地位，秘书与领导在工作上是辅助关系，在职位上是上下级关系，很多人将秘书视为“二号首长”“副领导”，进而产生了不敢管、不愿管等现象。在这样的影响下，不利于培养秘书正确的职业观，导致秘书对职业期望过高，甚至产生滥用职权、贪污腐败的行为。秘书在职务上、信息上相较于其他工作人员占有优势地位，但其本质上与其他员工是处于同一位置的。

其次是没有认清秘书的发展途径，错误地认为秘书是成为领导的捷径、跳板，是后备资源。

三、无视秘书职业

主要表现为没有认识到秘书的工作地位，认为秘书职业是闲职，是可有可无的。

资料来源：任家进．秘书职业认知偏差及解决之方．微信公众号文秘之道，2021-02-22.

第二节　秘书的分类

案例导入

在一座繁华的城市里，有一个名为“明辉集团”的大型企业。这家企业以其高效的管理和卓越的业务成绩在业界享有盛誉。在明辉集团的大楼中，三位秘书的故事成为人们热议的话题。这三位秘书分别是陈婷、王磊和赵敏，他们分别服务于集团的三位高层领导。虽然他们都被称为“秘书”，但他们的职责和角色却各具特色，展现了秘书职业的不同分类。

陈婷是集团总裁的秘书。她不仅负责安排总裁的日程、处理邮件和文件，还要参与会议的组织和记录。陈婷需要具备出色的组织能力和协调能力，以确保总裁的工作顺利进行。她经常与各个部门沟通，确保信息的畅通无阻。陈婷的工作充满了挑战，但她总是能够游刃有余地应对各种任务。

王磊是集团副总的秘书。他主要负责协助副总处理日常事务，包括安排会议、撰写报告和跟进项目进展等。王磊需要具备扎实的文字功底和敏锐的观察力，以协助副总做出明智的决策。他经常与团队一起讨论问题，提出建设性意见，成为副总不可或缺的助手。

赵敏是集团项目经理的秘书。她的工作更加侧重于项目管理和协调。她需要确保项目的顺利进行，及时解决各种问题和困难。赵敏需要具备强烈的责任心和团队合作精神，以推动项目的成功完成。

这三位秘书虽然都是秘书，但他们的职责和角色却各有不同。他们通过各自的努力和专长，为明辉集团的发展做出了重要贡献。

这个案例告诉我们，秘书并不是一个单一的角色，而是可以根据企业的需求和组织架构进行不同的分类。不同类型的秘书在工作中需要具备不同的能力和素质，以适应各自的工作要求。通过了解不同类型的秘书，我们可以更好地认识到秘书职业的多样性和重要性。同时，也提醒我们，无论从事何种职业，都需要不断学习和提升自己的能力，以适应不断变化的工作环境。只有不断进步，才能在职场中立于不败之地。

秘书作为一种社会职业，其种类越来越多，分工也越分越细。我国对秘书的分类主要有以下几种。

一、按照秘书服务的对象划分

按照秘书服务的对象划分，主要有以下类别。

（一）公务秘书

公务秘书是为党政军、社会事业单位、社会团体、机关服务的秘书工作人员。公务秘书原则上必须由机关组织、人事部门选用、任命。

（二）私务秘书

私务秘书又称为私人秘书，是指由私人、私人企业、民办企业等出资雇用、聘请并为私人服务的秘书。

二、按照秘书工作的性质划分

按照秘书工作的性质划分，主要有以下类别。

（一）党政秘书

党政秘书是辅助党政机关领导人和领导集体实施决策与管理，保障机关各项工作正常运转的秘书。

（二）商务秘书

商务秘书主要负责公司与外部的商务活动和关系管理。他们的工作包括协助商务谈判、准备商务文件、组织商务会议、进行市场调研、维护客户关系等。商务秘书需要具备商业知识和市场敏感度，以促进公司的业务发展和拓展。目前在我国公司企业中，纯粹的商务秘书还不多，随着人们对秘书在商务运作中的重要性有了更进一步的了解和认识，这种局面将会得到改善。

（三）法律秘书

法律秘书主要在法律领域工作，为律师或法律部门提供支持。他们的职责包括法律文件起草、案件资料整理、法庭材料准备、法律研究等。法律秘书需要具备扎实的法律知识和良好的法律素养，以确保对法律事务的准确、高效处理。

（四）医学秘书

医学秘书主要服务于医疗机构或医学研究人员，负责处理医学事务、撰写医学论文、协调医学研究项目等。

三、按照秘书的级别划分

按照秘书的级别划分，主要有以下类别。

（一）初级秘书

初级秘书主要从事操作性的服务工作，帮助领导处理一些日常程序性的琐事和杂务，如核对打印文稿、整理保管资料、操作电脑、接听电话等。这些都是日常事务中大量的、经常的、必不可少的工作，虽然简单，却可以使领导从琐碎的事务中解脱出来，并避免或者减少办理具体事务过程中的许多漏洞。

（二）中级秘书

中级秘书主要从事辅助管理事务和部分操作性事务，消除领导在决策与管理过程中的各种技术障碍，如筹办会议、安排日程、撰拟文稿、协调关系等。中级秘书在协助领导办文、办会、办事的过程中，要协助领导协调各种内外关系，注意从全局利益出发，在领导活动中积极发挥辅助的职能。

（三）高级秘书

高级秘书是指秘书部门的负责人、首脑机关的专职秘书等，他们主要是在高层领导身边从事高级参谋和助手的工作，主要在智能上辅助领导，如分析研究信息、提供决策方案、拟订重要文件、参与对外谈判等。在高级政府机关、规模较大的企业和社会团体内部等，一般都配备高级秘书。高级秘书需要具备很高的综合素质，精通秘书业务，具有综合指挥、协调的才干和独当一面的管理能力。

阅读资料

“金领一族”新成员：高级秘书

高级秘书有七大“高”人之处：综合素质更高、责权更重、薪水更高、说服能力更强、发展愿望更高、道德水平要求更高、成就感更高。

目前人才市场中招聘高级秘书的要求相当高，除聪明、干练等一般要求外，还十分注重应聘者的沟通能力、组织才能，精通英语、计算机是基本要求，另外还须掌握相关的科技专业技能知识。

高级秘书包括跨国公司首脑秘书、董事会秘书、地区总裁秘书等，处于高级领导层的要职，他们的领导能力、协调能力、管理能力都需要多年的培养和修炼。

四、按照秘书业务的内容划分

按照秘书业务的内容划分，主要有以下类别。

（一）行政秘书

行政秘书是指协助领导处理公务、实施管理的秘书，具有较强的协调能力和组织能力，是领导的重要助手。

（二）文字秘书

文字秘书是指专职从事撰拟、处理文稿等工作的秘书，具有较强的口头与文字表达能力，俗称“笔杆子”。

（三）事务秘书

事务秘书是指以办理文书、筹办会议、接待来宾以及处理单位日常事务为主要工作的秘书。

（四）机要秘书

机要秘书是指处理机关机密文件的秘书，主要负责领导办公室的保密工作和管理领导的文电材料，承办领导交办的机密事项，为领导提供必要的帮助和服务。

（五）会议秘书

会议秘书是指专门从事会议策划、组织、安排、协调等工作的秘书。

（六）通信秘书

通信秘书是指负责管理通信事务以及各种通信设备，如电话总机、传真等工作的秘书。

（七）信访秘书

信访秘书是指负责通过办信、接访，沟通领导机关与人民群众的联系，加速政策的贯彻落实工作的秘书。

（八）公关秘书

公关秘书是指能够协助领导协调关系、处理矛盾、树立和维护组织良好形象的秘书，一般具有较好的性格修养和较强的社交能力，善于公关。

（九）外事秘书

外事秘书是指从事外事服务工作的秘书，主要从事口头和书面的翻译，并负责外宾的接待工作，具有较高的政策水平和外语口译、笔译能力。

（十）其他秘书

由于各单位的职能和级别不同，有的单位还配有一些专门的秘书，如教学秘书、科研秘书、新闻秘书等。

阅读资料

秘书工作“钻石图”

日本学者田中笃子在其《秘书的理论与实践》一书中将秘书的日常工作分为四个层次，并称其为“钻石图”（见图 1－1）。

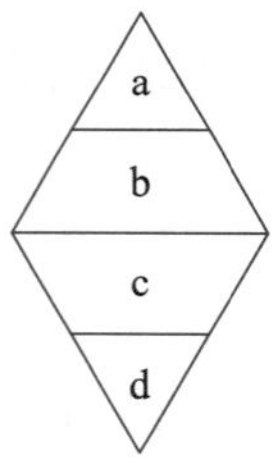

图 1－1　秘书工作“钻石图”

“钻石图”中的 a 部分工作是指参与企业经营决策、协调与各方面的关系和负责秘书部门的管理等；b 部分工作包括上司办公室的管理，负责文件起草、信息收集、日程安排、上司出差准备等；c 部分工作包括为上司接打电话、接待客人、收发邮件等；d 部分工作主要负责办公用品管理、安检、卫生等行政后勤工作。

从这个“钻石图”中可以看出，从事 a 部分工作的一般是办公室主任这类人，它实际上属于企业管理的范畴，不是严格意义上的“秘书工作”；同样，d 部分工作也不是严格意义上的“秘书工作”，它属于行政后勤工作的范围。只有 b 和 c 才是我们通常所说的“秘书工作”。因此，现在人们习惯上这么理解：助理＝a＋b；秘书＝b＋c；文书＝c＋d。

第三节　培养秘书正确的角色意识

案例导入

尹雯在公司打拼了多年后，从办公室秘书转为总经理秘书。转为总经理秘书后，尹雯好像变了一个人似的，人前人后都炫耀自己是总经理秘书，对于以前办公室的同事总是一副趾高气扬、盛气凌人的架势。同事们慢慢疏远尹雯。有一次，尹雯家中有急事需要处理，而她又在单位值班，便想请办公室的其他秘书代她值班，打了一圈电话，居然没有一个人愿意。面对此状，尹雯百思不得其解。

讨论：尹雯的问题出在哪里？如果你是尹雯，你会怎么做？

在社会生活中，每个人都承担着一定的社会角色，履行着相应的社会职责。也只有这样，他才能够在社会生活中施展自己的才华，发挥自己的潜能。作为辅助管理的秘书同样要明确并扮演好自己的职业角色，这样才能够最大限度地为领导做好辅助工作。秘书尹雯之所以出现没有人代她值班这种局面，主要是因为她对自己角色的定位不准确，以为自己是总经理秘书，就可以凌驾于同事之上。

一、秘书的角色定位

理解和把握秘书工作的特征是秘书进行角色定位的前提。秘书的角色定位，是指秘书对自己在社会组织中所扮演的角色、所处的地位的衡量和确定。

秘书的角色具有两面性：既有配角的一面，又有主角的一面。秘书的基本角色是辅助管理者，是领导的近身助手，是配角。但是在特定的时间、地点和场合，秘书又可以由配角变为主角，由被动变为主动。当然，这并不意味着秘书可以反客为主，自以为是，而是必须深刻认识秘书的角色内涵，摆正自身位置，恪守职场规则，扮演好自己的职业角色。

秘书的职业角色还具有多样性，这是由秘书职责的多样性决定的。秘书应当具有角色转换的意识，从实际需要出发，自觉地转换好不断变化的角色，更好地发挥角色职能，胜任秘书工作。

秘书的主要职业角色如下。

（一）助手角色

秘书工作的性质，决定了秘书首先是组织或者领导的助手，承上启下，沟通左右，衔接内外，联系各方，起着不可或缺的纽带作用。

（二）写手角色

写作是秘书工作中一项极为重要的内容，写作能力也往往被视为秘书的看家本领，如写作各类讲话稿、草拟各种文书甚至撰写新闻稿件等。

（三）公关角色

秘书在组织中扮演着重要的公共关系职业者的角色。秘书形象不仅仅代表其个人，还代表领导的形象和整个组织的形象，秘书在工作中应该努力为本组织广结良缘，以形成有利于组织发展的、具有广泛社会关系的网络和环境。

（四）保密角色

秘书处于组织的中枢位置，知密早、涉密多、交际广，保密就成了秘书的天职。秘书必须具备高度的保密意识，要严守保密纪律，自觉履行保密的职责，做一名特殊的保密员。

阅读资料

秘书的非常角色：没有角色的角色

李娜是某知名跨国公司的高级秘书，她的职业生涯经历了从传统的执行者角色到现代战略伙伴角色的转变，在公司的高级秘书中是工作时间最长、资格最老的一个，成为公司不可或缺的一员。

一、传统执行者的角色

早期，李娜的主要工作是处理日常行政事务，如安排会议、管理文件、接待来访者等。在这个阶段，她的角色定位主要是执行者，即按照上级的指示和要求，高效地完成各项任务。虽然工作琐碎且繁重，但李娜凭借出色的组织能力和细致的工作态度，赢得了上级和同事的信任。

二、向战略伙伴转变

随着公司的发展和市场竞争的加剧，李娜逐渐意识到，仅仅作为执行者已经不能满足公司的需求。于是，她开始主动承担更多的责任，积极参与公司的业务决策和战略规划。她利用自己熟悉公司内部运营和管理的优势，为领导层提供有价值的建议和意见。同时，她还主动协调各部门之间的合作，推动项目的顺利实施。

在这个过程中，李娜的角色定位逐渐从执行者转变为战略伙伴。她不仅关注具体的行政事务，还关注公司的整体发展方向和战略目标。她的工作重心也从单纯的任务执行转移到为领导层提供决策支持和协调资源上。

三、成为不可或缺的一员

通过不断的学习和实践，李娜逐渐掌握了作为战略伙伴所需的知识和技能。她能够准确理解公司的战略意图，为领导层提供有针对性的建议和解决方案。同时，她还善于协调各方资源，推动项目的顺利实施。在公司的多个重要项目中，李娜都发挥了关键作用，成为公司不可或缺的一员。

做秘书，悟性十分重要。聪明是第一位的，还要有足够的沟通能力、应变能力和协调能力。秘书对自己的工作定位要有明确的认识。

李娜的案例展示了秘书角色定位的转变。在现代企业中，秘书不再仅仅是执行者，而是需要更多地参与公司的决策和战略规划，成为领导层的战略伙伴。这种转变要求秘书具备更高的知识水平和更广泛的能力素养，以适应不断变化的市场环境和企业需求。同时，这也为秘书提供了更广阔的发展空间和职业晋升机会。

二、秘书的角色条件

秘书的角色条件是由秘书工作的特点决定的，包括生理条件、心理条件、社会条件等。其中生理条件是心理条件的必要前提，而心理条件的产生还取决于角色个体的社会条件。有些内容在本书后面章节中还会从其他的角度涉及，这里仅谈谈秘书角色的年龄、性别、健康、文化程度等一般条件。

（一）年龄条件

不同的社会角色对年龄有不同的要求。对于秘书这一职业，尽管我国目前尚未对从业者的年龄做出明确规定，但从职业化的趋势来看，秘书队伍整体呈现出年轻化的特点。然而，这并不意味着秘书职业仅限于年轻人，具体还需根据岗位的实际需求来定。因此，年轻秘书应不断提升自身素质，以适应不断变化的工作需求。

（二）性别条件

从职业化的角度来看，秘书职业在一定程度上呈现出女性化的特征。在许多国家和地区，秘书职业被普遍认为是女性的主要工作领域。但社会角色的性别要求因角色而异，在具体的工作中要依秘书工作的角色需求选择合适的人员。

（三）健康条件

对于所有社会角色而言，身心健康都是基本要求，秘书角色也不例外。秘书的健康包括生理健康和心理健康两个方面。这两个方面相互关联、相互制约。生理健康是心理健康的基础，而心理健康又会对生理健康产生影响。一个人如果只有生理健康而缺乏心理健康，同样难以胜任秘书这一角色。

（四）文化程度

文化程度，即受教育程度，是秘书角色条件中不可或缺的一部分。由于秘书需要从事文字性和智能性工作，因此必须具备一定的文化程度才能胜任这些工作。对文化程度的评估可以从两个方面进行：一是以学历层次的高低为标准；二是以知识结构是否合理为标准。这两个方面共同构成了评价秘书文化程度的重要依据。

三、秘书的角色意识

秘书的角色意识是指秘书对所担任角色的社会地位及由该地位所规定的职责的知觉、理解和体验。秘书的角色意识是做好秘书工作的关键所在，秘书能否形成鲜明强烈的角色意识，是其能否干好工作并发挥主观能动性的基础。没有正确的角色意识，很难成为优秀的秘书。

（一）秘书角色知觉的误区

1. 秘书是“高级保姆”

认为秘书是“高级保姆”，这种角色知觉的错误在于把秘书角色完全置于受领导雇用的地位上，不符合秘书职业的现状。这种观点认为秘书为领导服务没有界限，从日常工作到家庭事务都要为领导提供服务，是一种不需要什么专长，只需察言观色就行的角色。显然，这是对秘书职业和秘书工作的一种误解。虽然秘书为领导服务是一种角色规定，但是这种服务应该是在职责范围内的服务，否则就不属于秘书角色分内的事。如果秘书与领导关系密切，私人关系很好，在生活中相互关心和帮助也是正常的，但它属于一种个人关系，不属于秘书角色。

2. 秘书是“领导附庸”

认为秘书是“领导附庸”，这种角色知觉的错误在于抹杀了秘书职业及秘书工作的真实状态，矮化了秘书的人格形象。有些电影、小说等出于塑造人物的需要，把秘书角色描绘成在领导面前点头哈腰、唯唯诺诺、狐假虎威的不光彩形象，实际上是把少数人的个别行为进行了抽象概括，使人们尤其是对秘书工作缺乏实际了解的人对秘书工作产生了误解。秘书作为一种特定的社会角色，有其无可替代的工作内容，更有其独立的人格。秘书与领导之间在工作上是上下级关系，但是在人格上是完全平等的，不存在人身依附关系。

3. 秘书是“领导高参”

认为秘书是“领导高参”，这种角色知觉的错误在于过高估计了秘书角色所发挥的参谋作用，过分夸大了秘书角色的作用。我们提倡秘书角色在很好地完成自己各项事务性工作的前提下，尽可能地发挥自己的聪明才智，多为领导提供一些可供选择的优化方案或者有用信息，以便适当合理地发挥参谋作用。但是，这绝不意味着将秘书角色颠倒，忽视办事职能，过分强调参谋作用——专门为领导出主意、想办法。秘书工作的基本任务是辅助管理，帮助领导从繁杂的事务中解脱出来。

（二）秘书角色错位的表现

进入职场，秘书必须时刻清醒地把握自己的角色，把握好角色的分寸，经营好自己的职业生涯。但是，在实际工作中，不少秘书做不到这一点，经常表现出不符合角色定位的过分行为，致使角色错位，偏离角色位置，给自身形象及职业生涯带来不良影响乃至损失，应当引以为戒。

常见的秘书角色错位表现如下。

1. 关系越位

秘书与领导的关系在组织上是一种上下级关系，在工作上是一种主辅关系。工作中有的秘书不能把握这种关系，以领导的角色或者假借领导名义越俎代庖，发号施令，甚至以“领导”自居，颐指气使，造成关系越位。

2. 工作越位

秘书和领导在工作中必须各司其职，各负其责，在各自的职责范围内开展工作，不能相互代替。工作中有的秘书出于把工作做好之心，抢着去做本应由领导出面处理的事，结果给领导帮倒忙，造成工作越位，也有的秘书为出风头而造成工作越位。

3. 表态越位

表态与个人的身份或者权力有着直接的关系。有些秘书在未经领导授权或者授意的情况下，就对某些问题进行决定性表态，给领导工作带来被动甚至不良的影响，造成表态越位。

4. 社交越位

秘书经常陪同领导参加一些社交活动，如迎来送往、商务宴请、录像合影等，有些秘书不能够自觉地甘当配角，不注意突出领导，造成社交越位。

秘书角色错位的表现还有许多。造成秘书角色错位的原因，还是对秘书角色的认识与理解不正确，对秘书角色与领导角色的关系把握得不准确，再加之一些人从业动机不纯，个人主义意识强烈，过分地看重自己的利益，给秘书角色人为地赋予了某种以权谋私的色彩，其消极影响不可低估，对组织、对领导、对自身都会带来损害。

（三）秘书角色意识的培养

鲜明而正确的角色意识是从事秘书职业的灵魂所在，没有正确的角色意识，秘书就不能在工作中积极发挥主观能动性，就不会形成乐业、敬业的精神，甚至还会偏离职业轨道。要想成为一名合格的、优秀的秘书，就必须培养正确的角色意识。

1. 责任意识

秘书身处领导身边，直接为领导服务，在生活中负有重要责任。秘书必须培养高度的责任意识，强烈的社会责任感，这样才能在为领导服务的过程中实现自己的角色价值。责任意识是秘书角色意识之本。

2. 服务意识

秘书必须把服务作为基本职能，认识到服务是秘书的本色，理解服务的崇高，树立自觉服务的意识，甘当配角、乐于奉献。

3. 服从意识

服从是秘书最起码的角色意识，也是一种基本的职业道德品质。秘书必须坚定不移地贯彻领导的决策，执行领导的决定，并学会对不同领导的适应和心理调节，保持心态的稳定和平衡。

4. 主体意识

秘书的基本角色是配角，但是秘书作为秘书职业活动的主体，在处理具体业务工作中又必须唱主角，必须积极主动地完成好本职工作，这是由秘书角色的双重性决定的。

5. 公关意识

秘书身处特殊位置，需要处理好上下、左右、内外等各种关系，要有很强的公关意识。秘书应当全面培养自己的学识、技能，学会和善于处理各种复杂关系和突如其来的紧急情况，为领导分忧。

6. 形象意识

秘书的一言一行，代表着个人形象、领导形象、组织形象，是三者三位一体的综合形象塑造。秘书要讲究仪表美、心灵美，以外在美与内在美的和谐统一来彰显职业形象。

7. 纪律意识

秘书处在领导身边这样一个特殊位置，有许多便利条件，所以必须做到遵纪守法，遵章守规，具有鲜明的纪律意识，用来指导和约束自己的社会行为。

8. 保密意识

由于秘书工作性质的特殊性，保密意识是秘书必备的素质之一。秘书人员经常接触到公司的重要文件和会议内容，因此必须做到对保密事项“守口如瓶”“慎之又慎”。在文件处理、会议记录、信息传递等各个环节，秘书都要采取必要的防范措施，确保不发生泄密事件。

9. 创新意识

虽然秘书的工作需要按照领导的意图和指示来办，但在授权范围内，秘书也应积极主动地思考问题，做好创造者的角色。创新意识要求秘书具备敏锐的洞察力和判断力，能够在工作中发现问题并提出改进意见，为领导提供有价值的参考。

10. 信息意识

在信息化时代，秘书需要具备敏锐的信息感知和处理能力。一方面，要关注各类信息的变化，有效地获取、处理、传递和存储信息，为领导层提供准确、及时的信息支持；另一方面，要善于利用信息为领导决策提供支持，并及时反馈执行过程中的信息，以便领导层对决策进行调整和优化。

总之，深刻理解这些基本的秘书角色意识并努力培养自己的角色意识，对于个体的职业生涯意义深远。

阅读资料

人工智能时代，机器人秘书会替代传统秘书吗？

谷歌公司开发了一款名为“LaMDA”（Language Models for Dialogue Applications）的人工智能模型，它被设计用来协助员工完成各种任务，如日程安排、信息查询等。这款AI秘书不仅能够理解自然语言输入，还能够根据上下文进行智能回应，甚至可以与员工进行多轮对话，从而提供更加人性化的服务。谷歌的AI秘书展示了技术意识、数据意识、创新意识和学习意识等多方面的能力。它利用先进的技术和数据分析能力来提供高效、准确的服务，同时也具备持续学习和优化的能力，以适应不断变化的工作需求。通过这款AI秘书的应用，谷歌不仅提高了内部工作效率，也为员工带来了更加便捷的工作体验。

在人工智能时代，机器人秘书在技术和功能上确实有可能替代传统秘书执行某些任务，但完全替代传统秘书仍然是一个相对遥远的目标。

首先，当前的仿真机器人技术还没有达到完全成熟的水平。尽管机器人秘书可以处理一些简单的、重复性的任务，如日程安排、信息查询等，但对于一些复杂的、需要人类思维和情感理解的工作，如处理复杂的人际关系、进行深度谈判或提供情感支持等，机器人秘书仍然难以胜任。

其次，传统秘书的角色不仅局限于任务执行，还包括提供策略建议、参与决策过程、管理人际关系等多个方面。这些高级职能需要深入的行业知识、丰富的工作经验和出色的人际交往能力，这是目前的人工智能技术还难以完全模拟的。

最后，尽管人工智能技术在不断发展，但机器人秘书仍然离不开人类的监督和指导。例如，当机器人秘书遇到无法处理的问题时，需要人类及时介入并提供解决方案。同时，机器人秘书的维护和更新也需要人类专业人员的参与。

因此，在可预见的未来，机器人秘书更可能是作为传统秘书的辅助工具而存在，而不是完全替代传统秘书。AI秘书也为我们提供了一个很好的参考，展示了在人工智能时代，秘书角色应该如何拓展和更新自己的角色意识。传统秘书和机器人秘书可以相互协作，共同提高工作效率和质量。同时，随着人工智能技术的不断发展，传统秘书也需要不断学习和更新自己的知识和技能，以适应新的工作环境和需求。通过积极拥抱新技术、关注数据分析、保持创新意识及持续的学习，秘书可以在人工智能时代发挥出更大的价值和潜力。

素养园地

秘书“十能”“十戒”

秘书一职古来有之，古代朝堂设有秘书监、秘书丞，坊间又称为幕宾、师爷，是领导的参谋助手，发挥着上情下达、联系内外的纽带作用。“身在兵位，胸为帅谋”是对秘书职业的真实写照。手执尚方宝剑，身处风口浪尖，有勇立潮头之酣畅，亦有被漩涡吞没之风险，做一名合格的秘书，实在不是一件容易的事。笔者认为，要做好秘书工作，秘书人员需要具备十个方面的能力，守好十个方面的戒律。

一、秘书需具备的十种能力

（一）能记忆

领导经常要出席活动、会见来宾，会讲不少话、办不少事，甚至会做出不少承诺，这些都需要秘书详尽地记录下来，整理归档，以备随时查询。要养成勤于记录的习惯，把工作做到细致入微，这样才能有条不紊地落实好领导的决策部署。

（二）能统筹

秘书作为领导的“喉舌”，要有顶层站位和统揽全局的意识。有道是“善为人者能自为”，唯有瞭望全局，才能着眼于总体来思考和分析问题，抓住问题的关键和实质，分清工作的轻重缓急，从而未雨绸缪，为领导施政提出可行性建议。

（三）能领悟

不同领导有不同的施政风格，秘书作为领导身边的服务人员，对领导一贯的工作思路要认真学习、细致体味、深刻领悟；对领导的语言逻辑、表达风格、工作理念，要认真揣摩、准确判断，并做到举一反三；对领导的工作特点、生活习惯要做到心领神会。

（四）能写作

秘书承担着为领导起草讲话稿、报告稿，为单位起草各类公文的职责，要做好上传下达，必须具备过硬的写作能力。秘书要熟知各种公文的写作格式和表达技巧，不断加强语言修炼。提高写作水平并非一蹴而就的事，要善于在日常工作中积累素材，精心选阅报纸、杂志，了解国内外新闻热点，养成记录见闻感悟的习惯，多练多写，就能下笔千言。

（五）能应急

俗话说“图之于未萌，虑之于未有”。秘书对待工作，要有思想上的敏锐性，有防患于未然的先觉意识。当出现突发状况时，秘书切忌慌乱无策或是随意处置，要有“山崩于前而色不变”的气度，及时向领导汇报情况并提出处置措施，在汇报渠道不通畅时，果断启动应急预案，以安全化解危机。

（六）能协调

一项工作的开展与推进，多个部门配合才能完成。秘书要做好协调和推动工作，必须具备良好的社交能力，确保在复杂纷繁的人际关系中游刃自如。秘书身在权力中心，本身并不具备发号施令的权力，对外只能采用商量的方式沟通，掌握一定的语言艺术，要慎用命令性语言。

（七）能守密

秘书因为工作靠近领导中枢，往往能够看到很多涉密材料，接触到很多涉密信息，这就要求秘书认识到岗位的特殊性，时刻保持高度警惕，严格执行保密制度。秘书要给自己立下铁的规矩，做到不该看的绝不观看、不该记的绝不记录、不该问的绝不询问、不该传的绝不外传。要谨记“事以密成，语以泄败”，真正做到缄口慎言。

（八）能承压

工作总有百密一疏的时候，面对领导的批评，秘书要有一颗强大的心脏去承受。无论对与错，面对领导公开场合的批评，都要先应承下来，不当场申辩，要始终把维护领导权威摆在第一位。不当场申辩，并不是不能申辩，要私底下向领导单独汇报，争取谅解，同时将领导的批评化作工作的动力，不断提升自己的综合能力。

（九）能察微

秘书不仅要有宏观的眼界，也要有敏锐的洞察力，善于发现不易察觉的每一处疏漏，力争把工作做到尽善尽美。面对枯燥的文字材料，不能有任何马虎和粗心，一个微小的疏忽都可能造成重大后果。重复是训练察微能力最有效的方法，把简单的事情重复做，重复的事情用心做，保持心绪平稳、专心致志，切不可心神恍惚、心猿意马。

（十）能吃苦

文字工作是一项思想性极强的工作，不习惯“点灯熬油爬格子”很难写出好文章。秘书不仅对工作全局要密切跟踪，还要劳心费力搞好服务，熬夜加班是常事，时常处于高度紧张状态，因此没有吃苦能力是不行的。不仅要吃生活上的苦，还得吃思想上的苦，做秘书要耐得住寂寞，“事了拂衣去，深藏身与名”，不求名争利。

二、秘书需遵守的十条戒律

（一）戒越位

在秘书与领导的关系中，秘书始终居于辅助的地位，不能替代领导，必须实事求是地找准自己的“坐标”。秘书只可“谋”不可“断”，应遵从领导工作意图行事，不能擅作主张，未经领导授权的工作不能随意表态。秘书要有“幕后”意识，绝不能在公开场合与领导“抢镜头”，更不能以“二首长”自居。

（二）戒谋私

由于秘书工作的特殊性，秘书有时会被认为是领导的代言人，处于一种超然在上的地位，对此秘书要正确对待，切莫自我膨胀。秘书要恪守“宁公而贫，不私而富”的戒条，自觉抵制各种不正之风的侵蚀，更不能滥用领导和工作的名义谋取个人私利，要以实际行动做清正廉洁的表率。

（三）戒轻佻

秘书部门属于单位的中心机构，承上启下、联系内外，发挥着纽带作用。平日里事务繁杂，人员来往频繁，要求秘书做到：对领导不轻慢，对同事不轻视，对异性不轻薄，不着奇装异服，不哗众取宠，不做轻佻举止，努力树立谦虚谨慎、沉稳持重的工作形象。

（四）戒自轻

秘书与领导是相互依存的服务与被服务关系，正常的上下级工作关系，不是人身依附关系，也不是金钱雇用关系。秘书在思想上要克服自轻自贱心理，消除讲“背景靠山”“取悦逢迎”等歪风邪气，在处理事务时要光明正大、实事求是，懂规矩、讲原则，做到尊重不迎合、服从不盲从。

（五）戒争功

作为领导的秘书，要有正确的得失观，工作上做出了成绩，不能忘乎所以，不能喧宾夺主，要时刻保持低调，时刻注意彰显领导的作用。接受任务时，不拈轻怕重，要勇于承担，做到大事讲原则、小事讲风格。

（六）戒惰思

正确的建议来源于缜密的思考。秘书凡事要想在领导前头，大脑始终保持在线状态，要克服只有领导安排才“思”和“想”的惰性，积极发挥主观能动性和创造性，站在领导的角度思索可能遇到的问题及应采取的对策，努力为领导提供卓有新意的建议。

（七）戒二传

秘书在收到各单位递交的信息材料后，都要对信息的真实性和数据的准确性进行核实；同时要根据领导意图对信息进行再加工，救偏补弊，帮助领导提高工作效率。不能直接转手给领导，当领导上报后发现与事实不符，那秘书就罪莫大焉。

（八）戒循旧

一味地因循守旧，只会机械地填格子，不停地模仿他人，崇尚少干少错，这样是得不到领导认可的。秘书要根除“将就”思维，讲究与时俱进，一方面要把握新时代新思潮新提法，另一方面要努力寻求自我突破与创新。坚持做到常做常新，增强工作的创造性和实效性，在破解难题、创新发展中体现秘书工作的价值。

（九）戒偏科

秘书工作涉及的服务领域是全方位的，对秘书的综合素质有着很高的要求。如果能力上有短板，就要预先谋划，及时弥补。只有做到善于学习、研究透彻、学以致用，才能在关键场合派上用场，为领导排忧解难。

（十）戒牢骚

尽管秘书工作十分辛苦，秘书人员常常有身心俱疲之感，但注意不要经常在领导面前抱怨、诉苦。发牢骚是责任心不强、担当精神不足的表现，如果时常强调工作困难，就会给领导留下干工作力不从心的不良印象。

资料来源：陈洲．秘书“十能”“十戒”．秘书之友，2023（6）：16－18.

练习与实训

一、思考与讨论

1. 秘书学界有一种通俗的说法：高级秘书是动脑子出点子的；中级秘书是动手摇笔杆子的；初级秘书是跑腿办事的。通过本章的学习，谈谈你对上面说法的认识。

2. 目前，社会中有这样一种说法：“秘书是吃青春饭的”，你对这样的说法有何看法？

3. 下面是人们对秘书及秘书工作的一些形象化的描绘，颇有些幽默的味道，幽默之余，请体会其中的意义所在。

（1）从事秘书工作这一行，别人睡觉我清醒，别人度假我站岗，别人娱乐我工作，加班是正常的，不加班是不正常的。

（2）有人风趣地说：秘书工作“无法无天”，不受劳动法保护，没有星期天。

（3）领导开会我先来，看看座位怎么排；领导讲话我先讲，看看话筒响不响；领导吃饭我先尝，看看饭菜凉不凉。

二、职业测试

根据下列的题目对自己是否适合从事秘书工作进行测量。

（1）你是不是认为，要当元帅的士兵不一定是好士兵？

（2）小时候，如果妈妈让你去打酱油，买菜，再到邮局帮她寄信，回来的时候还要帮爸爸取放在朋友处的材料，你是不是习惯先很好地计划一下，再有条不紊地完成呢？

（3）当你工作的时候，你是不是经常说“又到星期一了？”

（4）当你考虑一个问题没有答案的时候，能不能换个角度，甚至从逆向角度加以考虑？

（5）小时候，你能不能看一天的蚂蚁搬家？

（6）你是不是更喜欢让别人拿主意，你照着完成即可呢？

（7）你无意中知道了别人的一个秘密，你总是能很好地保密。

（8）你从小就很喜欢和人打交道，并且深得叔叔阿姨和朋友的喜欢。

（9）你是否在做好一件事情之前，就开始很好地考虑后面的事情？

（10）上学时，是否尝试过骑自行车去长途旅行？

（11）小时候，你的朋友如果比你出色很多，你并不嫉妒，相反，你会帮助他做得更好。

（12）当你成功地完成一件事情后，功劳却记在了别人头上，而你从不会很在意。

（13）你从小就是个热心肠的人，喜欢到处张罗。

（14）你觉得自己虽然不是个作家，但是文笔还真的不错。

（15）你从小就很细致，做事情一丝不苟。

（16）你喜欢和比你强的人在一起，并不觉得有压力。

（17）你有一项了不起的本事，那就是很善于弥补别人或事情的不足。

（18）你从小就会揣摩爸爸妈妈的心思，因此他们也总是夸你是个很懂事的孩子。

（19）你的口才不错。

（20）你是不是总在看有什么事情需要做，不等别人说，就主动完成？

如果你对以上问题有明确的分析与答案，恭喜你，你是块当秘书的好材料。如果情况不是这样，你又非常想当秘书，不要紧，你可以从中获得启发，并在学习、工作中不断地锻炼自己。

案例分析

案例1：纸条上该写什么？

小殷是上海沪风经贸公司的总经理秘书。上午11点左右，总经理正在跟一位客户就合同价格进行激烈地讨价还价，这时另一个重要客户给小殷打来电话，要求改变谈判地点，将原定于当天下午1点在本公司举行的谈判改到去他们公司谈。他们说了几条理由，要求马上答复，否则谈判就无限期推迟。小殷把电话内容记下来后，就匆匆来到会谈室，向总经理请示如何答复对方。由于总经理正在谈判，因此小殷写了张纸条悄悄递给总经理。纸条是这么写的：“老板，××公司来电话，让您下午1点去他们公司谈判，并要求现在答复。您看我怎么答复他们?”看了纸条后，总经理很不高兴地说：“你没看我有事吗?”小殷感到很委屈，也不知该怎么办好，于是出了会谈室便向总经理办公室主任汇报。主任听完小殷的汇报后，指出：“总经理当时正在与客户讨价还价，怎么可能有时间仔细权衡这件事的得失，做出合理的决策呢？你让他当时回答‘怎么办’，实际上就是在给他出难题。”

“那我应该怎么办?”小殷问主任。

问题：你认为应该怎么写这张纸条？

案例2：当秘书处在矛盾焦点时

王县长收到一封“县粮食局下属的种子公司卖给当地农民的杂交水稻稻种是假冒伪劣品种”的控告信。眼看着播种期已到，控告人要求县长“为民做主”。县政府组成由县政府办公室王主任、粮食局办公室李主任、种子公司技术人员小张组成的三人调查组。王主任办事雷厉风行，30多岁；李主任经验丰富，年龄最大；小张朝气蓬勃，只有20多岁。在王主任的率领下，他们接到命令当天赶到事发地点。第二天上午便分头深入农户了解情况，中午返回驻地汇总情况。没想到一开始王主任和小张就发生了激烈的争论。

原来，王主任找到写信的农民，并查看了稻种和该农民试育的种子，出芽率仅为20%左右。回到驻地，他见小张正哼着歌曲，便劈头盖脸地责备起来：“你们种子公司为了小集团的私利，昧着良心，竟然干出坑害农民的事情来……”年轻气盛的小张还未等他说完便跟他吵起来，吵完小张便冲出了驻地。

这时，经验丰富的李主任回来了，见王主任一声不吭地坐着，觉得气氛有些不对头。

问题：如果你是李主任，该怎么办呢？

案例3：秘书纠错

某天下午，某商贸公司张总经理带着秘书晓琳一起到机场迎接飞达公司总经理江晓东。双方见面后，互赠名片。张总接过名片后，很有礼节地将名片浏览了一遍，"江总，您好！您好！一路辛苦了"，并与对方亲切握手。这时，一旁的晓琳看着名片按捺不住了，提醒道："张总，错了，是'江（Gāng）'，不是'江（Jiāng）'。"虽然声音很小，但也让江总和张总都非常尴尬。好在江总的秘书机灵，说他们公司的员工有时也叫他"江总"。

问题：晓琳的处理方式是否正确？在领导出现错误时，秘书人员应如何处理？

案例4：一张备忘录

收件人：张总

发件人：小王

日期：2023年6月15日

主题：水果包装新方法

张总，您知道，对水果行业来说，如果能显著减少运输损耗、降低成本，意味着什么？意味着利润！！！

很幸运的是，我们又一次找到一种方法可以实现这两点。据我们估计，如果您能采用这种方法，公司的运输损耗可以降低10%，总成本减少5%，由此利润将增加7%。同时客户会因为更加方便而更满意！您还在犹豫什么呢，如果我是您，我会毫不犹豫地选择这种新的包装方式。

敬请张总考虑采纳我们的建议，同时因为涉及多个部门的合作，需要您协调。

问题：上述备忘录中存在什么问题？应如何修改？

第二章

秘书工作

教学目标

知识目标

1. 了解秘书工作的内容、性质和作用。
2. 了解秘书工作的方法和艺术。
3. 了解秘书每天的工作流程和任务安排。

技能目标

1. 掌握秘书工作的基本技能，如文件管理、日程安排和会议组织等。
2. 能够有效处理日常办公事务，如电子邮件处理、电话接待和文件归档等。

素质目标

1. 培养细致观察力、决策能力和时间管理能力。
2. 培养沟通能力、协调能力和人际关系处理能力。

第一节 秘书工作概述

案例导入

公司一名员工下班途中遭遇车祸身亡，家属到公司闹事，要求经理去给死者戴孝，经理回避了。死者家属不罢休，在公司打闹，使公司正常工作无法开展。秘书小尹挺身而出，冷静地向死者家属说：“我们公司的员工，自然是我们的亲人，他的不幸我们都很悲痛。我是经理秘书，我一定代表经理前来吊唁，并参加治丧。与此次交通肇事单位交涉处理善后工作，我会向经理请示并与有关部门协调，尽快给你们答复。”一席话，说得有情有理，家属表示同意，一场风波基本平息。

讨论：通过上述案例可以看出秘书工作有哪些内容和特点？

一、秘书工作的内容

秘书工作是秘书为领导进行有效管理所做的特殊的辅助工作，内容丰富、种类庞杂，既有大量政务性内容，又有许多业务性和事务性内容，而且工作内容有不断发展和扩大的趋势。

（一）政务性工作

1. 参谋辅助

参谋辅助是指秘书在为领导提供近身综合辅助和公务服务过程中，为领导决策出谋献策，提供参考方案及有关依据，或在与领导主辅配合的工作实践中，发现领导行为中的不足、疏漏与失误，及时提出弥补不足、纠正错误的建议。

2. 协调工作

协调工作是秘书在其职权范围内或在领导的授权下，在组织内部和外部进行协调，以促进信息流通、资源合理利用和各方面的合作。具体来说，内部协调即在组织内部协调各部门和个人之间的合作与沟通；外部协调即在组织与外部利益相关方的协调与沟通中发挥重要作用，促进信息流通，协调各方合作，提高工作效率和资源利用率。

3. 调查研究

调查研究是秘书围绕单位的中心工作，根据领导工作的需要，通过深入细致的考察和分析研究，了解情况，查明原因，总结经验教训，探求解决问题的办法，为领导的决策提供准确、全面的信息和科学的依据，助力业务决策的准确性。

4. 信息工作

信息工作是秘书围绕领导活动和组织管理需要开展的对各种相关信息的收集、整理、传递、存储、反馈和利用等一系列目的明确、真实可靠、及时全面的信息服务。

5. 督查工作

督查工作是秘书对领导决策实施、中心工作和交办事项所进行的督促检查，是实现决策目标的重要措施与手段。

（二）业务性工作

1. 文稿撰写

文稿撰写是秘书对各种公文和其他文稿（领导讲话稿、总结、调查报告、新闻报道稿、商务文书等）的起草、修改、审核和校对工作。

2. 文书处理

文书处理是秘书对各类文件、电报、信函等的收发、打印、传递、登记、办理、立卷、归档等工作。

3. 档案管理

档案管理是秘书对各类文书档案的收集、整理、保管和利用等工作。

4. 会务工作

会务工作是秘书对各种会议会前的筹划与准备、会间的组织与服务、会后的落实与反馈等一系列工作。

5. 信访工作

信访工作是秘书处理群众来信、来电，接待群众来访的工作，是了解社会情况、获取反馈信息的重要途径。

6. 保密工作

保密工作是秘书对单位内部机要通信、机要文件等的管理工作，是为达到保密目的所采取的一切手段和措施，包括积极防范和认真追查两个方面。

7. 公关工作

公关工作是秘书为协调、加强本单位与外界，特别是与社会公众的联系，通过各类媒介宣传本单位情况，树立良好的组织形象所开展的工作。

（三）事务性工作

1. 接待工作

接待工作是秘书对公务活动中的各类客人和来访者的迎送、接洽、招待和服务工作。

2. 日常事务

日常事务是秘书所承担的单位内部的值班、保卫、后勤、公章、办公用品与设备的管理以及领导临时交办的事项等各类事务性工作。

3. 通信联络

通信联络是秘书所承担的公务电话的处理、邮件的收发、公务信件的往来等各类联络性工作。

4. 随从工作

随从工作是秘书在跟随领导外出期间，为保证领导顺利开展工作所从事的一切服务性工作。

阅读资料

秘书专家对秘书工作内容的归纳与概括

1. 美国秘书专家玛丽·德弗里斯在《涉外秘书全书》一书中将秘书工作内容归纳为以下9项：

（1）通过各种存储工具管理大量的记录材料；

（2）为各种不同的信息建立收发系统，包括文字系统和电子系统，准备信件和文件；

（3）进行多种远程的通信操作，处理文字和电子函件；

（4）与国内和国际用户、消费者及其他人员进行广泛的接触；

（5）帮助雇员执行或者操作各种新的高科技系统；

（6）管理好助手，能与办公室、其他部门和组织的人员友好合作；

（7）协调和管理特殊计划，处理好特殊任务；

（8）分析问题，选用重要的决策技巧；

（9）寻求深造和事业发展的机会。

2. 英国秘书专家约翰·哈里森在《秘书的职责》一书中将秘书工作内容概括为以下 14 项：

（1）接受口述，将它们打印成文，草拟函件、总结等；

（2）接收并整理收到的邮件，下班前处理好雇主往外寄发的邮件；

（3）有接待的责任，包括迎接并款待来访者，处理打来的电话；

（4）为雇主写日志，安排他的约会和预约，协助他计划好一天的时间；

（5）安排雇主的旅行并安排好他的旅行路线；

（6）将雇主的私人和商业信件归档，做好索引；

（7）组织会议和参加会议，包括准备会议议程和会议记录；

（8）有条不紊地安排好雇主的办公室，例如经常更新他墙上的图表，保管他的证件和文件夹；

（9）从各方面减轻雇主的许多例行业务工作和私人事务；

（10）提供信息，例如利用电脑文本业务，熟悉刊登信息的书籍和其他资料来源，照顾雇主的零用现金和银行交易；

（11）遵守国家安全工作条例的要求；

（12）建立保守秘密和确保信息安全的制度和切实可行的办法；

（13）替雇主掌管好文具和办公用品；

（14）组织会议和各种社会活动。

二、秘书工作的性质

关于秘书工作的性质，历来有许多不同的看法和归纳，概括起来，大致有以下七个方面。

（一）工作位置的政策性

秘书的工作位置，决定了它具有很强的政策性。秘书工作的全部内容，几乎都与政策紧密相关，评价秘书工作好坏的一条重要标准，就是要看其是否正确地贯彻执行了党和国家的方针、政策。不仅党政机关的秘书工作具有政策性，企事业单位，包括外资企业、民营企业的秘书工作也都具有政策性。因为企业行为必须符合政府制定的政策，所以企业秘书为领导出谋献策时必须熟悉国家的相关政策。

（二）工作形式的事务性

在秘书的整体工作中，事务性的工作可以说是占了相当大的比重。秘书每天都要处理大量繁重而又琐碎的事务，秘书的工作总是与“细”“繁”“杂”“忙”连在一起的，之所以辛苦，是与其事务性分不开的。秘书的工作，除了公章、办公用品与设备的管理以及接待、通信、随从等明显属于事务性的工作外，其他具有政务性和业务性的工作实际上也包含大量的具体事务。

（三）工作内容的综合性

秘书工作同其他职能工作不同，不是单纯分掌或主管某一领域的业务工作，它围绕领导工作运转，领导工作所涉及的领域，秘书工作都可能涉及，是涉及全局的、全面的、综合的工作，具有综合性。这就要求秘书不仅要具备较广的知识面和多方面的技能，还要善于从领导的角度观察问题、考虑问题，站在全局的立场上，传达上情，通报下情，内外疏通，各方平衡，卓有成效地发挥自己的综合统筹职能。

（四）工作作用的辅助性

秘书机构不是自成一家、独立决策的部门，秘书活动的主要内容就是辅助领导完成工作。秘书工作要始终围绕、从属于领导和领导工作，失去了领导，秘书和秘书工作也就失去了存在的条件。秘书要及时、主动、周密地辅助领导工作，积极地充当领导的“手足”和“耳目”，必须准确领会领导的意图，遇事多请示、多汇报，这样才能当好领导的参谋和助手。

（五）工作职能的服务性

秘书工作也是一项服务性的工作，不仅要为所在单位的领导服务，为所在单位的其他部门服务，也要为所在单位的下级和群众服务。因此，要求秘书既要当领导的好助手，又要当群众的贴心人，做到大事不误、小事不漏，全面细致地做好自己的本职工作，以提高领导乃至全单位的工作效率和工作质量。

（六）工作范围的机密性

秘书工作是一项机密性很强的工作，这是由秘书部门处于领导中枢的辅助地位决定的。因为贴近领导，所以秘书知密多、知密早、知密深。因此，要求秘书要有很强的保密观念，养成良好的保密习惯，不得失密、泄密，对保密事项要做到“守口如瓶”“慎之又慎”，不给工作造成不必要的损失甚至危害。

（七）工作效果的潜隐性

秘书工作的潜隐性决定了其劳动成果和价值都融于领导行为和组织活动之中，不单独表现为秘书自己的劳动成果。秘书工作具有幕后、台下的性质，不显山，不露水，为领导敲锣擂鼓。默默无闻、无私奉献才真正是秘书的品质和情怀。

三、秘书工作的作用

（一）助手作用

秘书直接为领导服务，直接关系和影响着领导的工作，起着助手的作用，这也是秘书工作最基本的作用。秘书发挥助手作用，可以比喻为领导者“双手的延长”。这种助手作用的发挥，不是一时一事的，而是全天候、全方位的，几乎涉及秘书活动的全部内容。秘书的助手作用发挥得越充分，领导就越能更好地摆脱烦琐的事务，将更多精力和时间放在关注大局和抓好重要事项上。

（二）参谋作用

秘书的参谋作用主要体现在为领导的决策提供准确完整的高质量信息和决策事项的备选方案等方面。秘书应经常向领导提供准确的信息、资料、文件等决策依据，并积极向领导提出工作建议和决策预案，辅助领导进行决策。秘书发挥参谋作用，可以比喻为领导“头脑的拓展”，这是领导对秘书高度信任的表现，也是对秘书工作提出的高要求。所以，秘书要做到思想活跃，善于思考，敢于探索，勇于创新，更好地发挥参谋智囊的作用。

（三）桥梁作用

秘书部门处于领导与职能部门、下级单位之间的枢纽位置，起着下情上达、上情下传、沟通左右、联系内外的桥梁作用。秘书发挥桥梁作用，可以比喻为领导“喉舌的延伸”。秘书要运用各种工作方式，在单位与单位、部门与部门、个人与个人之间进行联络、沟通、协商、平衡、调解，消除隔阂，解决矛盾，使他们目标统一、步调一致、密切合作、同心协力，以达到最佳工作效果和最高工作效率。

（四）信息作用

信息是管理和决策的基础，为领导提供信息成为秘书的重要职责之一。秘书发挥信息作用，可以比喻为领导“耳目的扩充”。作为秘书，必须树立“眼观六路、耳闻八方”的信息意识，做到眼尖、耳灵、心细、腿勤，多渠道地收集信息，并善于对信息进行鉴别和提炼，去伪存真，去粗取精，及时将有参考价值的信息提供给领导。

（五）督查作用

督促检查是保证领导决策目标得以顺利实现的必要措施，在领导的授权下开展好督查工作，也逐渐成为秘书的一项重要职责。秘书发挥督查作用，可以比喻为领导“眼神的延续”。无论是党政机关还是公司企业，领导决定的事项都需要秘书部门督查工作的跟进。因此，督查也成为当前秘书工作应该强化的一项重要工作。

（六）窗口作用

秘书工作是一个单位与各方面联络、接洽的“门面”和“窗口”，反映了这个单位的工作作风和领导水平的高低优劣，对于树立组织的良好形象影响很大。秘书发挥窗口作用，可以比喻为领导“脸面的美容”。

阅读资料

某电视连续剧中有这样的镜头：某市市委书记高某刚上任时，有一位老奶奶（老上访）要求向他反映一些问题，被秘书挡住了。高书记得知后，在会议室接待了老奶奶，并亲手给她泡茶。老奶奶非常有条理地提出她所要反映的问题，分12项内容，每项内容又分几个方面，第一项没讲完就已经过去半个多小时。秘书一看情形不对，急忙想出一个办法，叫高书记去接一个重要电话，然后自己接着听老奶奶的反映。

对于该秘书的做法，可做如下分析：

1.“老上访”被秘书挡住了，反映出该秘书没有坚持信访工作的原则，同时也没有按照来访程序处理。

（1）信访工作原则：对无理取闹者批评教育：如果能接受批评教育，不再无理取闹的，不予追究；对经教育无效者，会同公安机关予以教育和制止；如有违法行为的，可送公安司法部门依法处理。

（2）关于群众来访处理：要做好来访的登记工作；接待要热情、耐心、诚恳；内外有别，注意保密；出现特殊情况，要做特殊处理。

所以该秘书不应该简单粗暴地把来访者挡在外面。

2. 秘书让高书记去接重要电话，自己接着接待上访者，反映出秘书在领导活动中的参谋作用和助手作用。领导的精力和时间是有限的，需要秘书帮助他处理一些事务。

该秘书履行了自己的职责，当好了参谋和助手，能够随机应变。

第二节　秘书工作的方法和艺术

案例导入

天地公司的丁秘书正埋头起草一份文件，电话铃响了，拿起电话，丁秘书听到对方的声音，辨别出又是那位推销员朱磊打来的电话。第一次他来电时，丁秘书听着朱磊的自我介绍，判断这电话不是经理正在等的电话，也不是紧急要事。于是她说："很抱歉，经理不在。请您留下姓名、地址、回电号码，我会转达给经理的。"可对方非要找经理不可。挂断电话，丁秘书就将此事汇报给了经理。经理听后，告诉她，曾在一次交易会上见过此人，印象不佳，不想和他有生意上的来往。10天前，朱磊来过电话，丁秘书说："对不起，经理仍然不在。我已将你的情况和要求转告给经理，目前他工作非常繁忙，尚未考虑与你联系。"随即主动挂断了电话。现在，朱磊第三次来电。

讨论：请你帮丁秘书想想办法，她应该怎么办？

一、秘书工作的方法

秘书工作是领导工作的一部分，是直接为领导工作服务的。领导工作对秘书工作的要求总体上要其当好近身综合辅助和服务的参谋助手，具体要求秘书要为领导做好铺垫、拓展、代劳、辅助和服务性工作，要通过辅助决策、综合协调、信息沟通、督促检查及办事、办文、办会等工作，提高领导工作效率和优化领导工作效果。秘书工作的方法必须符合领导工作的要求。

（一）为领导工作做铺垫的方法

秘书工作中很多业务活动都是为领导工作做铺垫的事务，如领导决策前秘书的信息收集处理工作；领导召开会议前，秘书的会前筹备工作等。秘书的这些铺垫性工作的效率和效果，往往直接影响领导工作的正常启动，影响领导工作的进程及其效率和效果。有些重要的铺垫性工作，甚至是领导正常开展工作的必要前提。秘书必须掌握做铺垫性工作的方法，具体要求如下。

1. 要准确把握领导工作目标

秘书既要准确把握领导整体工作的目标，又要准确把握即将开展的具体工作的目标，并将两者结合起来。整体目标不明确，秘书工作就会顾此失彼，出现片面和忙乱；具体目标的要求不明确，秘书的铺垫性工作就会失去针对性和有效性。

2. 要明确领导工作进程的各环节

秘书要明确各个环节的时间要求、任务内容与各方面的关系以及要取得的阶段性成果等。这样秘书工作才能主动而有序地进行。如为领导召开会议做铺垫，除了要了解会议的目的外，还要对会议期间每一阶段的内容都事先做好资料准备、事务准备等。

3. 要明确领导在具体工作中将要采取的措施和方法

如领导在召开会议中将采取实地考察、分组讨论、投票表决等措施，秘书就必须事先联系和安排交通工具、安排分组讨论会场、准备选票和计票等。

4. 要加强与领导的沟通

秘书不仅在开展某项工作之前要与领导进行沟通，明确工作的目的和程序，而且在每一个环节也要沟通，随时把握动态，做好应对措施。

秘书沟通的工作方法可以归纳为：以领导的工作目标为指导，按领导工作进程和将要采取措施的要求安排工作，与领导密切沟通以保证沟通工作的有效性。秘书要根据具体工作任务的实际、具体领导的工作个性和习惯、具体工作环境的要求，灵活、准确地掌握和运用这一方法。

（二）对领导工作拓展和延伸的方法

对领导工作的拓展和延伸，同样是秘书工作的重要任务，是体现其参谋助手作用的重要方面。如领导做出决策后，秘书要草拟决策文件、草拟决策执行的预案，制成文件寄发给执行单位；决策文件发布后，秘书要收集反馈信息；领导检查工作后，秘书要与被检查部门保持联系，了解检查效果；领导出差以后，秘书要办理领导出差的经费报销事务，整理带回的有关材料等。

秘书要做好对领导工作的拓展和延伸，具体要注意以下几点。

1. 要准确把握每项领导工作预期的效果

秘书要通过这些拓展和延伸性工作，努力使领导工作取得圆满的效果。如领导的正确决策发布以后，执行单位由于理解的错误而出现执行的偏差，秘书没有将这一信息反馈给领导，就会给工作带来损失。其中除了责任人负有失职责任外，负责收集反馈信息的秘书也负有责任。

2. 把握领导工作后续事务的具体要求

秘书必须准确按领导工作后续事务的具体要求办事，不能有丝毫马虎和疏漏。如领导召开重要会议后秘书的催办任务，不仅要催办，而且对于每件必办事务都要了解是否在办、如何在办、何人负责、何时完成等，做到件件落实，否则就会影响会议精神的落实，影响全局工作的协调发展。

3. 注重工作的整体连续性和承继性

秘书承担的拓展性和延伸性工作，是整体工作的一部分，必须按照领导特定工作任务的有序部署环环紧扣地进行，才能取得预期效果，如果脱节了就会影响工作进程。

秘书对领导工作的拓展和延伸的工作方法，可以归纳为以保证取得领导工作的预期效果为目标，严格按要求办事，在注重整体连续性和承继性的同时，注重适变和应变，使工作落在实处，产生实效。

（三）为领导工作代劳的方法

代劳，指的是领导由于公务繁忙和时间有限，将部分该亲自办理的事务，授权让秘书去办。领导的管辖范围越大，公务越繁忙，秘书为领导工作代劳的工作量就可能越大；而秘书为领导代劳的工作越多，越体现领导对秘书的信赖程度高，培养力度大。秘书在独当一面的实践中，更有利于学习领导工作方法，提高综合素质。

秘书为领导工作代劳，具体要注意以下几点。

1. 要忠实地体现领导意图

秘书是代表领导去处理事务的，一定要按领导的目的、要求去办理，并取得领导需要的效果。若违背领导意图，就可能帮倒忙，为领导工作添麻烦，从而会失去领导的信任。

2. 要严格按照领导的授权范围办事

秘书不能超出授权范围，也不能胆小怕事，不敢合理使用委授的权力。越权行事是秘书工作的大忌，不仅会失去领导的信任，也会被有关方面反感，产生消极影响；不敢合理使用领导委授的权力，也很难圆满完成领导交办的任务。

3. 从双重角色出发，增强责任感和使命感

秘书要从领导角色出发，尽职尽责、不折不扣地完成任务；在心理上和工作态度上，则要严守秘书角色本分，不要以领导自居表态和作指示。若忽视从领导角色出发，就可能因责任感不强而对工作采取应付态度，影响任务的完成；若失去秘书角色本分，就可能在授权代劳时用权失范和态度失当，造成消极影响。

4. 要加强双向交流

秘书既要加强与工作对象之间的交流，又要将工作的进程和结果向领导汇报并听取指示。

5. 要有维护整体的功劳观

秘书在为领导代劳时要从全局工作的整体出发，当情况有所变化时，要在授权范围内灵活地采取措施，使工作圆满地完成；当工作取得成效时，要归功于组织、归功于领导的指导和支持，归功于有关方面的协同配合，不要宣扬自己的功劳和苦劳。

（四）陪同领导进行公务活动的方法

陪同领导进行公务活动是秘书发挥近身跟踪和参谋辅助作用的重要形式之一。秘书陪同领导进行公务活动，要主辅配合，起到不可替代的辅助和服务作用。

秘书陪同领导进行公务活动时，要想取得良好的成效，需做到以下几点。

1. 要以领导公务活动的目的为工作出发点

秘书不应有个人目的，以免给领导公务活动带来干扰。如伴随领导公务出差，若秘书带有出差游玩的个人目的，并以各种借口离开领导，就可能影响工作。

2. 要按领导的工作进展情况做出具体周密的安排

秘书陪同领导进行公务活动，除了要协助领导处理重大问题和关键问题外，对相关的具体事务还要作周密、细致的安排，并要事事落实，确保公务活动的顺利进行。若在具体事务上出现疏漏，也可能干扰领导处理重大问题，影响公务活动的进程。

3. 要尽可能为领导提供便利条件

为领导提供便利条件，包括优化领导公务活动环境，减轻领导事务工作负担，消除公务活动中随机出现的干扰，加强对领导公务活动的服务和辅助等。

4. 要随时随地地保持与领导活动步调的和谐一致性

秘书陪同领导进行公务活动的过程中，要与领导紧密地结合成一个工作整体。

5. 要注重拾遗补阙

秘书发现领导公务活动中的疏漏和失误，要及时拾遗补阙，协助领导尽快纠正。

6. 要主动适应变化，确保领导公务活动的有序进行

在公务活动中，相关因素随机发生变化是经常出现的。若秘书能敏捷适应变化，有效采取应变措施，就能保证公务活动的有序进行，如应变不当，就会使公务活动出现混乱。

（五）领导与秘书主辅配合的一体化

秘书为领导工作做铺垫、对领导工作拓展延伸、为领导工作代劳、伴随领导活动等，都是秘书发挥综合性跟踪辅助和服务职能作用的体现形式，不同的形式在实践中常常是相互联系、相互渗透的，整体上对领导工作有着不可替代的辅助作用。要想让这种或前、或后、或伴随一体、或独当一面的代劳的秘书辅助和服务充分发挥作用，除了秘书要提高素质，付出努力外，领导的指导、引导、培养、信任及严格要求也是极为重要的。只有领导与秘书在实践中加强相互沟通，

才能达到主辅配合一体化的境界。若任何一方不足，都难以实现有效而和谐的主辅配合。

二、秘书工作的艺术

（一）受意的艺术

领导意图就是领导对某一问题的意见、倾向和想法，即领导工作的基本思想。正确接受和领会领导意图是对秘书的基本要求，是秘书发挥参谋助手作用的前提和基础，是提高秘书工作效率和质量的重要保证。

秘书要正确接受和领会领导意图，就要抓住以下几点。

1. 从把握领导工作的热点上领会领导意图

领导工作热点是领导在一定时期内工作意图最为集中的表现，抓住了热点，就等于抓住了领导意图的核心，就能与领导工作同步。但是领导意图是围绕每个时期中心工作形成的，具有阶段性和连续性，为此，秘书还必须连续不断地领会领导意图。

2. 从把握领导思想的闪光点上领会领导意图

一般来说，领导所提出的意见是比较完备和深刻的。但对某项新的意见往往是零散的、片段的。秘书要善于从这些零散的、片段的意见中抓住领导思想的闪光点，认真领会并加以深化，以进一步完善领导意图。

3. 从不同角度捕捉和领会领导意图

一要善于紧紧抓住领导意图的要点与核心，把领导意图同上级指示精神和下级实际情况进行比较分析，做到上下一致，有理有据。

二要善于以主要领导的思想为主线，多方面吸收其他领导的意见，集思广益，综合归纳，以形成领导集体的意图。

4. 从把握领导个性特点中领会领导意图

由于领导各自的性格、能力和工作方式不同，其授意的方法也不尽相同。从授意程度上看，有简洁式的，有详细式的；从授意的内容上看，有观点式的，有素材式的；从授意的方式上看，有直接式的，有间接式的。这就要求秘书具有接受和领会不同类型领导意图的本领，适应每一个领导的特点。

5. 从把握领导意图的实质上领会领导意图

领导意图有明示性意图和暗示性意图、确定性意图和非确定性意图、总体工作意图和具体工作意图之分。无论哪种领导意图，秘书都要注意把握其精神实质，认真贯彻落实。秘书应注意：对明示性意图，要坚决照办；对暗示性意图，要心领神会；对非确定性意图，要补充完善；对确定性意图，要如实贯彻；对总体工作意图，要始终遵循；对具体工作意图，要灵活执行。

（二）请示的艺术

秘书是领导的工作助手，必须按领导意图办事，不得擅作主张，更无决策之权，因此，秘书在工作中必须多请示。多请示，既是对秘书工作纪律的要求，又是防止秘书工作出现差错和失误的重要保证。秘书在请示时要注意以下几点。

1. 请示的对象要选准

秘书的请示工作要遵守按领导分工、对口请示的原则。一般只向分管领导请示有关工作，以避免多头请示和越级请示。对涉及多方面的综合性工作，秘书应向全面主持工作的领导请示，并将有关情况通报其他分管领导。如果向上级机关书面请示，也应遵循对口请示和单向请示的原则。

2. 请示的内容要单一

秘书请示的内容必须是自己难以处理或无权处理的事情，必须由领导给予指示或授权处理。常规性工作或自己职责范围内的事情，则无须请示。请示时既要防止越权行事，又要防止不负责任，更不要事无巨细，一律请示。秘书请示要尽量做到内容单一，尤其对重要事项须以书面形式请示时，一定要遵守一文一事，不得将多项事务写在同一份请示的公文内。

3. 请示的形式要灵活

秘书请示可以是口头请示，也可以是书面请示。一般情况下，重大事项、涉及政策方面的事，需要授权批准的事，秘书要做书面请示，领导则做书面批复，以示慎重，并便于日后查证；一般事项、事务性工作、只需解决一些疑难的事，秘书可以口头请示，领导只口头答复。紧急的事，秘书可以先口头请示，及时办理，事后再补写书面请示，以留档备查。

4. 请示的时机要适当

一般情况下，秘书请示必须在事前进行，待领导指示或批准后方可行动。只有在特殊情况下，才能采取边做边请示或“先斩后奏”的方法。所谓“事前请示，事后报告”，就说明了二者在时机选择上的不同特点。

5. 请示的态度要谦恭

秘书向领导请示，实际上也反映了上下级之间的工作关系。因此无论是口头请示还是书面请示，秘书都必须摆正自己的角色位置，在请示的态度上要尊敬领导，言语得体，做到彬彬有礼。

（三）报告的艺术

报告的目的是便于领导了解情况，掌握进程。报告是秘书工作的一项制度，是秘书向领导负责的必要手段，也是领导指导秘书工作的途径之一。对于报告，领导一定要做出答复或批示。秘书在向领导报告时，要注意以下几点。

1. 报告的内容要客观真实

秘书向领导报告的内容包括：一是报告当前工作的情况和进程，让领导及时了解下情并做出指导；二是工作中发生的重大问题，让领导及时做出处理；三是合理化意见、建议，供领导改进工作时参考；四是应领导的要求汇报有关情况。秘书应掌握待报告事项的价值，做到要事详报、急事急报、小事不报或简报。报告要客观、真实、辩证，切忌大话、空话、假话和绝对化。

2. 报告的方式要灵活多样

秘书向领导报告的方式主要有以下两种：一是口头报告，优点是可以和领导直接进行多方面的双向交流，适用于向喜欢务实作风的领导报告时用，缺点是可重复性差，受口语表达能力限制较多；二是书面报告，优点是比较正规，便于领导过目和思考，也便于保存备查，缺点是不能与领导当面进行交流。此外还有会议报告、单独报告、电话报告、临机报告等多种形式，秘书可视情况灵活运用。

3. 报告要区分不同对象

领导的职责、能力、文化程度、性格特征和工作习惯等各不相同，对秘书报告工作的要求也不一样。秘书应视不同的领导而定制化报告，以适应不同领导的要求。秘书还应处理好两个关系：一是主要领导和分管领导的关系。重大事情要向正副职领导都报告；日常事务，只报告分管领导即可。二是主持工作领导和外出领导的关系。秘书要随时将在单位主持工作的领导就一些重大问题的处理意见，适时报告在外工作的主要领导，并转达主要领导的意见，以保持信息的畅通。

4. 报告的时机要恰到好处

秘书报告要适时，以获得较好的时效价值。秘书是领导的耳目，诸如群众对领导的批评和反映、对领导工作的建议和要求等，秘书有责任如实向领导汇报，但需要掌握时机，选择领导乐意听取报告的时机进行。秘书是领导的贴身人员，报告工作十分方便，但是不能事无巨细都去请示报告，即使是必须向领导报告的事项，也要选择时机进行，这样才能取得良好的效果。

5. 报告的语言要简明扼要

无论是口头报告还是书面报告，都要主旨明确，条理清楚，语言精练，以节省领导的时间，减轻领导的负担。冗长而空洞的报告是秘书向领导报告工作的大忌，这就要求秘书在报告前充分准备，报告时言简意赅。

（四）挡驾的艺术

秘书是领导时间的有效管理者。秘书为领导合理挡驾，目的是为领导者创造一个良好的工作环境，使领导摆脱各种无关事务的干扰，集中时间和精力思考和决定重大事项。

1. 来访挡驾

秘书是领导联系群众的一座桥梁，而不是领导与群众之间的一道隔墙。因此秘书为领导挡驾来访者是有特定对象的。一般来说，领导明确告知秘书不愿接见的人；领导事先未约定接见的人；因小事、杂事要求领导接见和处理的人；为个人某些问题，多次找领导纠缠的人；领导正忙于应付重大事件无暇接待的人；态度蛮横，出言不逊，想找领导寻衅闹事的人；对要求处理的问题，上级或本级机关已有明确、公正的结论，但其对处理不服，要求面见领导的人，这些都是秘书挡驾的对象。对其他来访者不应挡驾，即使需要挡驾，也要待之以礼，使对方高兴而归。

2. 电话挡驾

秘书的职责之一是接转电话。对打到办公室要找领导的电话，秘书应通过内线电话询问领导是否愿意接。愿接即转，如不愿接，秘书应告诉对方，领导暂时不能接电话或佯装领导不在，但要将电话内容记下，转告领导。对于因领导参加重要会议而暂不能接的电话，秘书可与对方另约时间通话，或将内容转告。

3. 事务活动挡驾

秘书的重要职责是安排领导的事务活动，包括出席会议，参加庆典、仪式与宴请活动等。对没必要参加的应酬活动，秘书应合理挡驾，避免领导浪费时间或为各种不正之风开方便之门。秘书必须征得领导的同意和批准，不能随便谢绝。

挡驾工作是秘书代表领导或单位进行的，应该注意维护领导或单位的良好形象，克服“门难进、脸难看、话难听、事难办”的作风。秘书对来者的态度要冷静、谦和、诚挚，要有好风度、好品德。对一些缠身棘手的事项，也要有耐力，不能以烦对火，以火对暴，把事情弄僵。挡驾过程中，秘书应注意语言艺术和应变能力，应变能力要通过语言艺术表达出来。秘书接待的语言有规律可循，对平级或下级，其语言的基调是谦虚磋商供参考的口气，但又不能离开大原则；秘书对上级的语言基调则是多用请示报告、探询的口气，切不可不懂装懂。

第三节　秘书的一天

案例导入

办公室秘书的一天

6：20，起床，比平时晚了点，昨晚加班到很晚。

起床后，我赶紧洗漱，帮孩子整理好书包，家里也简单收拾了一下，随便吃了点早餐就出门。

路上，抽空看了看手机，想着今天要做的事情，怕漏了什么。

8：00，到单位了，赶紧打开电脑，把昨晚准备好的文件打印给同事，还回了几个工作群里的消息。

接下来就是忙内控检查了，事情比较繁杂，虽然不用动太多脑子，但真的挺花时间。边做边想，有些事其实可以更快搞定，明天可以改进一下。

10：30—12：00，省行的领导视察，我忙着准备会议，做好会务接待工作。

中午我赶紧吃完中饭，又写了份倡议书，下午上班前要交给胡老师。

餐后短暂休憩至13：10，恢复工作状态，继续筹备内控材料，直至15：00会议召开前。

15：00—15：30，会议期间，接受新任务分配。

15：30—16：30，不仅忙于手头任务，还前往11楼指导工会成员学习简报制作技巧。

16：30—17：00，穿插处理多项事务，包括整理办公桌等空间，以提升工作效率。

17：00，下班回家，吃完饭后学习英语和陪孩子玩。

21：00—22：00，看书和做喜欢的事。

现在快00：00了，写下这篇日记，记录一下今天的生活和工作。虽然累，但感觉还挺充实的。

讨论：根据上述案例，请讨论其中涉及秘书工作的哪些内容？

一、工作时间之内

（一）整理办公场所

秘书的一项重要工作是整理办公场所，为领导、为自己创造一个优美的办公环境，优美的办公环境不仅可以提高办公效率，而且可以提升组织和领导的形象。秘书在工作时间之内和工作时间之外，都会整理办公场所，工作时间之外整理办公场所一般是早晨整理领导的办公室，具体在下文中介绍。

当然，并不是说公司的每一个角落都归秘书整理，秘书负责整理的办公区域有个人办公区、领导办公区、公共办公区三个区域。

（二）汇报工作安排

秘书的一项重要工作是帮助领导管理时间，具体到每一天就是根据需要安排领导的日程，使领导的工作充实有序。每天一上班，秘书就必须提醒领导，当天有哪些工作安排。

同时，秘书经常会遇到超越自己职权的事情，可以利用汇报工作的时机适时请示。秘书要养成多请示的职业习惯，学会善于请示的艺术。

（三）处理日常事务

秘书日常工作多而繁杂，主要包括应答电话、接待客人、收发文件、管理邮件、撰写文稿，以及领导交办的临时性事务等。

二、工作时间之外

事实上，秘书的一天不仅仅局限于正常的工作时间段，秘书的工作特点决定了秘书的一天具有前引性和后续性，其工作时间之外也往往是“分内时间”。

（一）秘书上班之前

1. 回顾前一天的工作

（1）哪些工作尚未完成？

（2）哪些工作已经完成但还不够满意？

（3）哪些工作已经完成而且比较满意？

2. 考虑今天的工作

（1）如何承接尚未完成的重要事项？

（2）如何分步实施当日计划的紧急事项？

（3）如何顺便处理重要而不紧急的事项？

3. 修饰个人仪表

秘书的个人形象，直接关系到组织和领导的形象。为了给人美好的印象，秘书应在上班之前对自己的仪表略加修饰。

修饰个人仪表主要是检查头发是否梳理，面部是否修整，指甲是否剪过；着装是否得体，鞋子是否干净；化妆是否适中，首饰是否必要，等等。

4. 先于他人上班

秘书一般情况下至少要比其他人提前20分钟到达办公室。提前到办公室，主要是整理办公室，为领导、同事和自己的工作做好准备。

早晨整理领导办公室时一般要做以下工作：

（1）打开空调，调节温度，并注意换气。

（2）擦拭写字台、衣帽架等家具上面的灰尘。

（3）给领导削好铅笔，补充好办公用品，如别针、夹子等。如果铅笔、钢笔等在笔筒里摆放不规整的，应码放好，并排朝手这边，以提高工作效率。

（4）注意定期给办公室的花卉浇水。如果摆放的是鲜花，要定期请花木公司的人来更换。

（5）领导进办公室后，应根据其习惯或爱好沏茶或冲咖啡。

（6）把当天早晨收到的报刊、信函送给领导。

（7）确认纸篓里没有剩余的垃圾。

（8）确认钟表和日历指示正确。

在整理完领导的办公室之后如果时间还有富余，可以放松一下自己的心情，坐在办公桌前喝点咖啡或茶，顺便上网浏览一下新闻或看看报纸。除了时政要闻，秘书要多关心本行业的新闻。还要检查一下昨天自己下班后有没有送来的文件，再在头脑中确认领导今天的日程安排等。

（二）秘书下班之后

1．工作加班

一个好的秘书应该做到每天无未尽事宜，日事日清，除非临近下班时有突发事宜。下班后的未尽事宜按照轻重缓急来分别处理，一般分为四类，即紧急重要，紧急不重要，重要不紧急，不紧急不重要。紧急事情不管是重要还是不重要都得马上做，这样就得加班。不紧急的事可以拟订计划，于第二天一早先处理重要的，再处理不重要的。

下班后除了加班完成未尽事宜和处理突发事件，还要对第二天的工作有一个初步的安排。在加班完毕，还要检查一下办公室水电是否关闭，门窗是否锁好。

2．社交应酬

有时候，因工作需要，秘书下班后会跟随领导、同事参加应酬。参加应酬时秘书应该做好以下工作：

（1）提前安排车辆。领导动身之前，秘书要先通知司机，请司机在指定的地点等候，以保证领导准时参加应酬活动。

（2）及时进行联络。领导于何时、何地与何人交往，秘书均应及时与对方取得联系。如果需要多位领导参加，秘书要逐一通知，做到万无一失。

（3）注重修饰仪表。在领导动身前，秘书要利用有限的空闲时间，对自己的头发、面部、着装和首饰等略加修饰。

（4）负责领导的安全。企业领导外出参加社交活动，一般无警卫、保安人员随从，此时秘书兼有负责其人身安全的义务，要警惕意外情况的发生。

素养园地

人工智能时代秘书的职业应对

在当下人工智能迅猛发展的时代，秘书职业出现了很多新业态，比如云秘书、会务秘书等；新模式，比如定制秘书、网络秘书等。面对人工智能的浪潮，秘书职业需积极应对，以下是几点关键策略。

一、强化核心能力

国家数字化学习资源中心主任单从凯认为，简单而重复的工作、仅拥有广博知识的工作、逻辑相对简单的工作、容错率高的工作相对来说容易被人工智能所取代。很多人认为秘书职业具有以上特点，那其实是对秘书职业缺乏真正的了解。因为秘书职业的外延比较宽泛，所以一些简单的前台接待或者文员的工作具有这样的属性，或者说一些初级秘书工作具有这样的特点，但社会最需要的能够适应灵活多变的工作内容或场景、知识技能专业、思维逻辑缜密、注重细节的高级秘书恰恰供不应求。秘书要深耕练熟专业核心技能，特别是公文写作、文案拟写、会议策划、档案管理等业务能力，突出强化训练自己的参谋辅弼、沟通协调能力。秘书专业技能要“专精”，业务能力要“广博”“汇通”，同时要强化思、写、言、做的能力，这样才能使科技成为手段。

二、提高数字素养

现代秘书应加强学习，不断提高自身的数字素养。秘书的数字素养包含四个方面：一是要有文件档案数字化意识，熟悉国家有关电子文件、电子证照的管理规定；二是要进一步加强无纸化办公和自动化办公的能力，提高智能办公服务水平；三是要提高对现有文件和档案的数字化加工能力，提高现有档案数字化加工水平；四是要熟悉各类新媒体平台和手段的使用，并开发出这些手段新的应用场景。正如石咏琦老师所说，现代的秘书必须学习直播、平台、官网、云盘、编程语言、视频会议、思维导图等新技能。

三、锻造创新思维

职业秘书的思维能力是人工智能最无法取代的。创新思维具备三个特征：流畅性、变通性和独特性。秘书应多看多学多思多练，特别要注意训练自己横向思维、逆向思维和发散思维的能力。一是使自己在为领导参谋献策的过程中更有见地；二是在文章或活动选题时突出创意；三是在方案制作过程中彰显个性特色。职业秘书要有意识地训练自己的创新思维能力，这样写出来的方案才能被领导采纳和赏识；为领导出谋划策要审时度势、符合领导意图且具有可操作性，特别是在关键时刻提出来的想法创意要能够力挽狂澜，推动单位事业的发展。

资料来源：张东．人工智能时代秘书的职能重构与职业应对［J］．秘书之友，2023（11）：4－7.

练习与实训

一、思考与讨论

1. 正常情况下，双休日和节假日应由秘书自行支配，可是在秘书界有这样一种说法：秘书无休息日。双休日、节假日加班对秘书来说是常事，有人说这侵害了秘书的权利，违反了有关法律。你如何看待这个问题？

2. 有人这样描述秘书的一天：打不完的电话，磨不完的嘴，写不完的文章，跑不完的腿……对于这样的描述你有何感想？

3. 通过本章的学习，你对秘书职业有什么新的认识？它和你心中想象的一致吗？请以班级为单位，组织一次“我心目中的秘书”的征文活动。

二、职业测试

假如你是一名秘书，星期一上班后有以下一些事情要办。请说明应当如何安排工作顺序。

A. 给新入职的员工小张分配办公用品。

B. 给领导办理上周出差费用报销手续。

C. 到收发室取回信件和报刊。

D. 通知各个部门，下午要开部门经理会。

E. 撰写两周后南方某公司访问团的接待方案。

F. 复印下午会议所用文件时发现复印机损坏，通知服务商上门维修。

G. 撰写整理下午会上所要讨论的文件。

H. 打扫领导办公室的卫生。

I. 打扫自己办公室的卫生。

案例分析

案例 1：两封公关书信的得与失

（一）

新加坡太平洋贸易公司给中国纺织品进出口公司上海分公司业务联系的信函

执事先生：

兹向贵公司介绍，我们是新加坡经营呢绒布匹的主要进出口商，愿与贵公司建立业务关系。

目前，我们拟进口各种呢绒一批，得知贵公司专门从事该项业务，为此函请您按照附表所列品种提供报价；同时请邮寄有关剪样，以供我方参考。如果您的产品质量好，价格又有竞争性，我们将乐于向贵公司订购。

盼您及早答复！

谨启者！

太平洋贸易公司经理（签字）

××××年××月××日

（二）

××先生：

由于本公司工作安排有变化，我无法于6月10日赴约。

我很失望，我很期待到贵公司来。虽然我觉得不方便，但仍希望我们能再有一个约会。何时能重新安排请告知。

敬启

××××年××月××日

问题：请从商务信函写作的角度分析两封公关书信的得与失。

案例2：四张机票

小尹是汉语言文学专业毕业的高才生，应聘做公司总经理的秘书。一天，总经理开完会后告诉小尹他与其他三位部门经理当晚要去上海出差，让她订四张机票。

“是头等舱吗？”小尹问。

“是的。”总经理回答。

小尹赶紧订了四张头等舱票。当她订好机票后和总经理汇报时，总经理问她：“谁让你订四张头等舱票？”

小尹这才明白只有总经理才有资格坐头等舱。于是，她又匆忙换了三张普通舱机票。当她告诉三位部门经理时，又有人问她：“你准备把总经理一个人孤零零地放在头等舱里吗？”

面对这种情况，小尹无言以对。

问题：小尹订的四张机票问题出在哪里？如果你是小尹，你应该怎么做？

案例 3：都是合同惹的祸

这天，公司总经理要和一家公司谈判，谈明年的合作计划，并签署合作合同。对方吴总经理要到国外去考察，总经理必须趁着吴总经理出国前把合同签署好。早在两天前，秘书小尹就为今天的谈判做准备了，谈判要的资料都已妥当，需要签署的合同也已草拟，经总经理同意后打印了 3 份。总经理临行前，小尹帮总经理整理好了谈判需要的资料，包括合同在内。

中午时分，总经理气呼呼地到办公室，拍着桌子对小尹说："叫你准备的合同为什么没有给我装好？就因为没有带合同，这次的谈判没成！吴总经理已经飞到国外去了，要 3 个月后才能回来。公司的一桩大买卖泡汤了！"小尹觉得很委屈，明明把合同和其他资料放在一起的，生意没有谈成怎么能怪我呢？

问题：秘书小尹的问题出在哪里？如果你是小尹，你应该怎么做？

案例 4：坐着接待客人

一天上午，秘书小夏正在办公，有人敲门进了她的办公室。进来的是一家办公用品公司的老板叶总，是过来催款的。小夏见叶总进来，也没有起身表示欢迎，对叶总做了一个手势，示意他坐下，接着又在忙着手头的事情。

10 分钟过去了，小夏才起身对叶总说："叶总，真不好意思，上次的那笔款子，要等我们肖总回来才能给你们。这次又让你白跑一趟。"

叶总很生气，说："我来七八趟了，每次都是这个理由。我们是小本经营的公司，如果公司这个礼拜不把余款结清，我们下个月停止对贵公司供货。"

问题：如果你是秘书小夏，面对这种情况，应该如何处理？

案例 5：好心不一定办好事

公司总经办有四位专职秘书，其中只有办公室主任张凯是男性，吴丽和张华是资历较老的秘书，夏雪是刚从大学毕业被招聘进公司的。有一天下午，吴丽和张华外出办事，只有张主任和夏雪在办公室。3 点左右，一位小伙子行色匆匆，误将总经办当作公关部，进门就说："不好意思，过来联系合作事宜，路上堵车迟到了。"夏雪刚好空闲无事，就好心主动带这位小伙子去了公关部。几分钟后，总经理打电话叫张主任立即将新设计的产品样图送过去。该产品样图一直是夏雪在负责，张主任在办公室翻箱倒柜也没找到。总经理气急败坏跑到办公室问道："怎么搞的？一份图纸都找不到，这么简单的事情都不会做吗？"然后没好气地离开了。张主任正在沮丧时，夏雪回来了。“都是你，害得我被老总骂惨了！你去哪里了？”不容夏雪解释，张主任继续嚷道：“谁叫你多管闲事的？”夏雪觉得很委屈，眼泪止不住地往下流。恰好，吴丽办完事回来了。

问题：如果你是吴丽，回来面对此景该如何处理？

案例6：电话困扰

周末，杨悦和李星月（她们分别是两家公司的总经理秘书）在咖啡厅闲聊，不知不觉谈到自己工作上的苦恼。

杨悦说：“我们公司现在三个部门——人事部、办公室、销售部都在同一个大办公室，共有8个人。我的办公桌距离电话最近，外部来电95%都是我接的。这两天感冒咳嗽，我不去接，电话就响个不停，他们都不去接。打进的电话很多是应聘的。”

李星月也很郁闷地说：“我每次都会没有好气地说‘谁接下电话？’我上厕所的时候电话响都一直没有人接的。”

杨悦说：“咱俩一样啊，一想起这事，我也烦！我都咳成这样了，电话响他们都不接。再说打来的电话，大部分是应聘的，与人事部直接有关。”

李星月说：“那你和他们说呗。”

杨悦说：“昨天专门对人事部一个女同事说了，我咳得厉害，麻烦她接下电话。上午还好她接的，可下午她就不接了。”

李星月说：“我也烦这点，真是很生气！”

杨悦说：“电话不是放在我办公桌上的，就放在刚进门的一个空桌子上，为什么就一定要让我接呢？”

问题：两位秘书的对话给我们什么样的启示？如果你是杨悦和李星月，如何解决电话困扰？

案例7：敬酒的次序

王总下班时交代李秘书陪同参加一个客户公司的宴请活动。李秘书常陪总经理接待、应酬，宴请宾客是常事，无一例外都会涉及敬酒。李秘书一直觉得敬酒是一门学问，敬酒前一定要仔细考虑敬酒的顺序，一般情况下多以年龄大小、职位高低、宾主身份为序，分清主次。特别是与不熟悉的人在一起，应先打听对方的身份或留意别人如何称呼，要做到心中有数，避免出现尴尬的局面。在席上对于己方有求的人，自然应恭敬，但如果在场有身份更高或年长的人，则不应只对己方有求的人恭敬，而应优先给尊者、长者敬酒，让大家的关系更和谐。

问题：你认为李秘书关于应酬敬酒的看法有道理吗？为什么？

第三章

秘书的资质

教学目标

知识目标

1. 了解秘书应该具备的理论修养、工作作风和职业道德。
2. 了解秘书工作应该具备的知识和领导选聘秘书的标准。
3. 了解秘书应该具备的心理素质与心理健康。

技能目标

1. 能够运用多样化的知识和技能，开展秘书工作。
2. 能够提高自身的心理健康水平。

素质目标

1. 培养良好的秘书理论修养，在学习生活中培养正确的秘书职业道德。
2. 培养秘书自我认知能力，提升秘书应对心理问题的能力。

第一节　秘书的修养与职业道德

案例导入

一名毕业生到一家著名的互联网公司去应聘总裁秘书岗位，很快被录用了。公司的员工对此很惊诧，问公司的总裁为什么。总裁说："你们没有注意到吗？他在门口捡起了散落在地上的纸屑，进门后随手关上了门，说明他做事小心仔细。当他看到那位残疾人士时，他立即起身让座，表明他心地善良，体贴别人。进了办公室他先摘掉了帽子，回答我所有的问题都干脆果断，证明他既有礼貌又有素养。其他人都从我故意放在地上的那本书上迈了过去，而他却俯身捡了起来并放在桌上。当我和他交谈时，我发现他衣着整齐，头发梳得整整齐齐，指甲修得干干净净。这样注重细节的人难道不该用？"

讨论：从上述案例中可以看出秘书应该具备哪些职业素养？

一、秘书的理论修养

秘书是为领导工作服务的，其自身修养直接关系到领导工作的效率和质量，加强理论学习和理论修养，是秘书的必修课。

首先，秘书应该掌握辩证唯物主义和历史唯物主义的观点和方法，学会分析事物的发展规律。另外，还要学会调查研究、实事求是、走群众路线等工作方法。

其次，秘书要加强经济理论的学习，提高经济理论修养。秘书的相当一部分工作直接或间接地与经济工作有关。秘书作为领导的参谋和助手，也必然要与经济打交道，做好本职工作要有经济理论的指导。

最后，秘书要加强专业学习，提高业务理论修养。秘书业务理论一般包括两个方面：一是有关秘书学的基本原理和基础知识；二是有关秘书实务的知识和技能，这两项构成这一专业领域完整的知识体系。

二、秘书的工作作风

作风，指思想上、工作上和生活上表现出来的态度、行为。作为秘书，要实事求是，谦虚谨慎；要勤奋刻苦，乐于奉献；要讲究效率，做事严谨；要清正廉洁，洁身自好。

（一）实事求是，谦虚谨慎

实事求是是做好一切工作的基本条件。秘书的工作性质和特点，决定了秘书经常接触领导，有机会受组织和领导委托，到下级单位传达领导指示，检查工作，听取汇报等。因此秘书一定要摆正自己的位置，严格要求自己，谦虚谨慎，不能有任何特殊感、优越感。一方面，要在思想上树立平等观念，对上尊重，对下谦虚，绝不盛气凌人，盲目自大；另一方面，要虚心向群众学习，注意文明礼貌，和蔼待人，尽心尽力帮助群众解决问题，坚决杜绝“人难见，脸难看，话难听，事难办”的官僚作风。

（二）勤奋刻苦，乐于奉献

秘书的任务繁重，岗位重要，责任重大，要保持勤奋刻苦、乐于奉献的工作作风。成就、才能、效率都来自勤奋，具体要做到四勤：

一要勤看。该看的文件材料都要看，报纸、杂志上的重要文章报道要勤看，电视新闻要勤看，各方面的新情况要勤看。

二要勤问。属于工作范围内的、情况不明的要勤问，拿不准的问题要勤问，不懂的事情要多问。要抱着“人皆吾师”的态度不耻下问。

三要勤记。秘书工作事务繁忙，不要过分相信自己的记忆力，要多动笔、勤记录，随身带一个笔记本，建立要事卡片，注意积累各种资料。

四要勤想。秘书工作具有较强的思想性，要勤动脑，多思考。

另外，还要有吃苦奉献的精神。做秘书工作，不能按部就班，不能分分内分外，不能分 8 小时内外，不能分白天黑夜。秘书必须随时处于应急状态，一旦领导交给某项工作任务，就要保证按时完成。

（三）讲究效率，做事严谨

秘书必须树立强烈的时效观念，在办理任何一件事情时，都要在每个环节上以最快的时间、最高的效率去运转。

一要快速。秘书工作中，领导临时交办的任务多，时限性要求高，秘书要发扬雷厉风行的作风，讲究效率。为此，秘书须增强责任心，养成良好的时间观念，努力提高快速反应能力，坚决克服拖拉作风。

二要准确。准确是秘书工作的生命。秘书提供不准确的或失真的信息，可能会导致领导决策失误，造成不可挽回的损失。因此，秘书一定要准确理解领导意图，准确提供信息资料，准确引用数据事例，准确使用文字表达等。

三要细致。“秘书工作无小事”，每一项具体工作都关系单位的实际工作和整体利益，因此秘书工作必须认真细致，以免出现纰漏和误差。这就要求秘书有不厌其烦的韧性，有精益求精的态度。

四要谨慎。谨慎的工作作风主要是指严密，包括办事程序要严密，不出漏洞；撰写文件要严密，不东拉西扯，逻辑混乱；考虑问题要严密，不顾此失彼。

（四）清正廉洁，洁身自好

秘书职业没有领导权，却隐含领导权力。这一特征既为秘书部门开展工作创造了极为有利的条件，也可能为个别秘书以权谋私提供方便。秘书如果思想品质不纯洁，不能正确看待和运用这种隐含的权力，就可能违法乱纪。秘书必须在廉政上严格要求自己，在思想上筑起拒腐防变的坚强防线。

一要行为端正。要廉洁自律，不以工作之便或凭借领导名义为个人办私事、谋私利；不违反组织原则，插手人事等热点问题；不参与经商活动或找借口为亲友从事此类活动牵线搭桥提供方便，不收受非正常的礼品、礼金和参加可能对公正执行公务有影响的宴请；不向机关和基层索要钱物，不违反规定报销个人开支；不用公款请客送礼；不在涉及廉洁问题上违背领导意愿，乱开口子，给领导帮倒忙。

二要置身于组织管理监督之中，自觉慎独。秘书，特别是领导专职秘书，经常处于独立活动状态，必须强化慎独意识，努力提高自我管理能力和自我约束能力，把自己自觉地置于组织管理和监督之中，在任何情况下都不能以任何理由搞特殊，要始终保持和发扬清正廉洁的作风，以自己的模范行动树立和维护秘书职业的良好形象。

三、秘书的职业道德

职业道德是指从事一定职业的人在职业活动中应遵循的道德规范和行为准

则，以及相应的道德观念、情操和品德。

秘书的工作性质和特点决定其除了应具有高尚的政治品质、思想品质和道德品质外，其职业道德还有着明确而具体的要求。秘书的职业道德是秘书在职业活动中的行为规范。秘书的职业道德主要是指职业责任、职业纪律、职业情感以及职业能力的修养。秘书人员必须具备的职业道德包括以下几个方面。

（一）忠于职守，爱岗敬业

忠于职守，热爱本职工作，是对所有工作人员职业道德的基本规范。秘书应该忠于秘书这个特定的工作岗位，自觉履行秘书职责，认真辅助领导做好各项工作。同时，要认清自己所从事工作的地位和作用，增强做好本职工作的责任感和事业心，不断提高自己的服务水平，不擅权越位，不掺杂私念，不渎职。

（二）跟从领导，当好参谋

跟从领导，这是由秘书的职业性质所决定的。秘书作为领导工作的参谋和助手，应当严格按照领导的指示和意图办事。离开领导自行其是，别出心裁，都是职业道德所不允许的。个人的积极性、创造性只能在服从领导的前提下发挥（更多地限于建议、献策等方面）。注意不能用个人不成熟的想法甚至情绪化的意见，去影响和干扰领导的工作及决策。当好参谋，就是要发挥参谋作用，为领导出谋献策。在领导决策民主化、科学化的今天，尤其要求秘书改变以往办事即称职的旧观念，要提高参谋意识和能力，树立不能出谋献策者就不是好秘书的新观念。

（三）兢兢业业，甘居幕后

兢兢业业，甘居幕后，就是要求秘书埋头苦干，任劳任怨。秘书的工作性质，决定其工作主要是实干。要围绕领导的工作来展开工作，要有吃苦耐劳的精神，“招之即来，来之能干”，在具体而紧张的工作中，脚踏实地，密切联系群众，不计个人得失。

（四）谦虚谨慎，办事公道

谦虚谨慎是秘书应具有的美德。秘书不能因为在领导身边工作而自命不凡、自以为是，要平等地同各职能部门商量工作，虚心听取他们的意见，在工作中要善于协调矛盾，搞好合作。秘书办事要公道正派。秘书对领导、对群众都要一视同仁，秉公办事，平等相待。切忌因人而异、亲疏有别，更不能看来头办事情。

只有公道正派的秘书，才能做到胸襟宽阔，在工作中充满朝气和活力。

（五）遵纪守法，廉洁奉公

遵纪守法，廉洁奉公，是秘书工作正常开展的重要保证。遵纪守法指的是秘书要遵守职业纪律和与职业活动相关的法律、法规，须认真学习法律知识，增强法治观念，学法用法，不做危害国家和人民的事情，不钻法律的空子。廉洁奉公是高尚道德情操在职业活动中的重要体现，是秘书应有的思想道德品质和行为准则。它要求秘书在职业活动中坚持原则，不利用职务之便假借领导名义以权谋私。要以国家、人民和本单位整体利益为重，自觉奉献，不为名利所动，以自己的实际行动反对和抵制不正之风。

（六）恪守信用，严守机密

秘书恪守信用，就是要遵守时间、遵守诺言等，言必信，行必果。秘书要严格遵守时间，领导找秘书汇报工作，秘书不准迟到。秘书自己安排的会议或会谈，自己要事先到场，并做好一切准备工作。秘书要严格遵守诺言，一经允诺的事情就要尽力办到，遇到曲折变化，要事先说明原因，使人信服。同时，秘书还要做到严守机密。秘书工作一个显著的特点，就是掌握的机密较多，因此，秘书必须具备严守机密的职业道德，强化保密观念。

（七）实事求是，勇于创新

秘书要坚持实事求是的工作作风，一切从实际出发，理论联系实际，坚持实践是检验真理的唯一标准。秘书工作的各个环节都要求准确、如实地反映客观实际，从客观存在的事实出发。秘书无论是收集信息、汇报情况，还是提供意见、拟写文件，都必须端正思想，坚持实事求是的原则。在工作中，切忌主观臆断、捕风捉影，分析问题必须从客观实际出发，既不唯领导是听，也不唯“本本”是从。同时，作为领导的助手，秘书更应具有强烈的创新意识，不空谈、重实干，在思想上是先行者，在实践上是实干家，不断提出新问题，研究新方法，走出新路子。

（八）刻苦学习，提高素质

作为新时代的秘书，是否具有良好的素质，是做好自身工作的关键，也是评价其工作是否称职的基本依据。因此，秘书必须刻苦学习，努力提高自身的素质。秘书工作头绪繁多、涉及面广，要求秘书知识广博，做一个“通才”和“杂家”。现代社会科学技术的发展突飞猛进，知识更新速度极快，秘书更要广泛学习各类知识，以适应工作需要。

（九）钻研业务，掌握技能

从发展的角度看，新时代的秘书必须努力钻研业务，了解和掌握与秘书工作有直接或间接关系的各项技能，做一名合格、称职的秘书。

第二节　秘书必备的知识和能力要求

案例导入

王秘书的烦恼

年轻的小王大学毕业以后，应聘到一家规模很大的贸易公司的分公司工作。凭着他的聪明和能力，经过一段时间的努力，他被分公司的李经理看中，调到经理办公室当秘书。

这些天王秘书很兴奋，因为总公司的张副总经理要来他们分公司视察工作。由于他工作出色，人又机灵，李经理点名让他陪同一起向张副总经理汇报工作。王秘书心想机会来了，要精心准备一番，在副总经理面前好好表现一把，让李经理脸上有光，说不定借此以后还可以调到总公司工作。

在张副总经理视察时，王秘书总是抢着介绍公司某些具体情况，侃侃而谈，娓娓道来，从现状到未来发展趋势、从具体工作到宏观评价无一遗漏。对自己了解得不太准确的情况，也能灵机一动，迅速做出汇报。对张副总经理给公司布置的任务，王秘书也毫不犹豫地承诺下来。

视察结束后，王秘书还给张副总经理留了名片，表示今后张副总要办什么事，无论公私，都可以直接找自己。送走张副总经理以后，王秘书对自己的表现有些沾沾自喜。

可是，他发现李经理的脸色有些不对，并没有表扬他，只说了一句：“辛苦了。”过了几天，王秘书被调到销售科当业务员去了。他怎么也没有想到会是这个结果，郁闷极了。

讨论：王秘书在接待工作中做了哪些越位的工作？

一、秘书工作的必备知识

知识是实践经验的结晶，是认识活动的成果。知识可分为两大类：一类是关于自然科学的知识，它是生产实践经验和科学实验的总结；另一类是关于社会科学的知识，它是社会实践经验的总结。作为现代秘书，不仅要具备较高的知识水平，还要有合理的知识结构，包括基础知识、专业知识和相关知识。

（一）基础知识

基础知识是秘书通过学习建立专业知识和相关知识大厦的基石，也是掌握业务技能的前提条件。秘书应具备的基础知识主要包括以下几类。

1. 科学文化知识

科学文化知识包括语文、数学、历史、地理、逻辑等学科知识。特别要重视语言文字和历史知识的学习，学会透过历史现象抓住内在规律和本质特征。

2. 政治哲学知识

学习政治哲学知识有助于秘书树立正确的世界观和方法论，明确政治方向，提升思想境界，运用科学的立场、观点和方法去分析问题、解决问题。

3. 法律政策知识

法律政策知识作为秘书必备的知识，包括党的路线、方针、政策和国家的法律、法规等相关知识。秘书应当根据工作需要，在掌握一般的法学理论和政策理论基础上，有针对性地学习与自己的职业活动相关的法律政策知识。

4. 外语知识

外语知识是现代秘书必须掌握的基础知识。随着我国在政治、经济、文化等领域与国际接轨，对秘书的外语能力要求越来越高。

（二）专业知识

专业知识是秘书知识结构的核心，也是区别于其他领域知识结构的独特的知识体系。

1. 理论知识

理论知识是秘书胜任本职工作的重要前提，其中包括文书处理、信息处理、档案管理、信息调研和秘书实务等专业理论知识。

2. 业务知识

业务知识包括秘书工作中各个环节的操作常识、基本技能、操作规范等。

3. 行业知识

行业知识指秘书所在单位的行业的基本知识。秘书所服务的单位都有其特定的业务活动范围，了解和掌握自己所服务的单位的相关专业知识，能使秘书的工作更具有针对性和科学性，从而名副其实地当好领导的参谋和助手。

（三）相关知识

相关知识是秘书为适应时代需要，做好工作，应加以进修提高的知识，是秘书知识结构中的较高层次。秘书的相关知识主要包括以下几个方面。

1. 科学知识

科学知识主要指社会科学和自然科学等相关知识，包括行为科学、系统论、控制论、信息论等知识。

2. 管理学知识

管理学知识主要包括行政管理、人力资源管理、领导科学决策等方面的知识。

3. 社会交往知识

社会交往知识主要包括公共关系学、人际关系学等知识，以便秘书在工作中提高自身的交际能力和信息沟通能力。

4. 心理学知识

心理学知识主要包括普通心理学、领导心理学、管理心理学、社会心理学、人际关系心理学等知识。

5. 社会知识

社会知识主要包括国际知识和国内知识两大部分。国际知识主要指当前国际的基本问题、世界格局、政治、经济等方面知识的变化及发展情况；国内知识主要是指国情、民情、民俗、民风等知识。

阅读资料

董事长秘书的“三板斧”

董事长秘书（以下简称“董秘”）需要三大基础知识：财务知识、法律知识、金融知识，它们就像董秘的“三板斧”一样，帮助董秘在实际工作中披荆斩棘。

“一板斧”：财务知识

财务知识对于董秘来说十分重要，原因有三：一是董秘工作中经常会跟财务打交道，像定期报告（年报、半年报）的披露就有一大堆财务数据，董秘如果没有财务基础知识，不理解财务数据背后的含义，不了解对应科目之间的钩稽关系，就会形成理解偏差，对财务数据的解读不充分，进而在信息披露上有可能会漏披露或者错误披露，影响信息披露的质量。二是董秘时常会面对投资者、股东、股民的提问，这些问题中大部分会涉及经营性成果和财务数据，董秘如果财务基础知识薄弱，在面对这些问题时容易把控不准确，出现不好的结果，要么过度解答，要么避而不谈或者回答错误。而如果有足够的财务基础知识，就会清晰地明白这些问题背后的财务知识和逻辑，从而迅速应答，把握深浅，再加上一些应对技巧，就更容易让提问者接受。三是财务作为一种工具和手段，除了工作之外，日常生活中无时无刻都会用到。

“二板斧”：法律知识

随着资本市场相关法律法规的完善，法律知识对于董秘来说越发重要，不仅涉及公司运行发展，也对董秘个人的发展有重要的影响。董秘要掌握的法律法规主要包括《证券法》《公司法》等，涉及董秘工作的方方面面。有法律背景的董秘越来越受到上市公司的青睐，这也是由整体的资本环境所决定的。

“三板斧”：金融知识

董秘的日常工作中会涉及企业投融资、证券投资、金融产品和金融创新等相关工作内容，这就决定了董秘必须了解相关的金融证券知识，包括股票、基金、债券以及金融衍生品等。董秘在做信息披露、投资者关系管理、对外融资等工作时都需用到大量的金融知识，如有疏忽，就容易给公司徒增很大损失。学习金融知识，有别于财务和法律知识的学习，除了理论学习，还需要投入到具体的实践中，金融知识更侧重于实践。很多拟上市公司、上市公司招聘秘书时，对于其在相关金融项目方面的经验会重点考察，尤其是在拟上市公司，有 IPO 相关经验的应聘者往往更受关注和青睐。

资料来源：佚名．董秘工作的“三板斧”．微信公众号董秘俱乐部，2024-03-05.

二、秘书必备的品质

秘书的日常工作虽然是帮上司“打杂”，但又肩负着“公司形象代言人”的重任，给外人的印象不仅关系着领导的形象，也关系着整个公司的形象，所以，作为优秀的秘书，一定要在工作中有意识地塑造自己的品质。

（一）认真、缜密

认真是对秘书工作最起码的要求，但是，要想做到“认真”二字也是很困难的。作为秘书，不仅要遵守单位的规章制度，还要比一般工作人员做得更好，因为秘书在领导身边工作，领导对其要求更严，标准更高；领导不可能容忍自己的秘书工作毛手毛脚、大大咧咧或办事拖拖拉拉。

秘书在工作中必须缜密周到，养成做事留有余地的习惯，能将工作中可能出现的各种意外状况都考虑到。秘书如果养成了这种办事习惯，就会给领导和同事留下良好印象：这是一个办事稳重、值得信赖的人！

（二）诚实、谦逊

诚实就是说老实话，办老实事，做老实人。对秘书来说，诚实尤其重要，因为不管经验多么丰富，秘书在繁杂忙乱的工作中不可避免会出这样或那样的差错，出了错，马上道歉，这就是诚实。有些秘书为了私利，故意隐瞒事实的真相，不及时向领导汇报，导致领导决策失误，既影响公司利益，也影响自己的职业前途，为不诚实付出代价。

与其他部门的人相比，秘书的确有一种“近水楼台先得月”的优势，容易得到各种信息，听到各种机密，这是由秘书工作本身的性质决定的。正是由于秘书容易得到这种“上层信息”，一方面，往往会引起一些人的羡慕或忌妒；另一方面，也会让秘书产生职务上的优越感。因此，为了搞好与各方面的关系，秘书无论何时何地都要保持谦逊，把自己定位为公司的普通一员，绝对不允许自己滋生出“超人”的感觉。

（三）宽厚、合群

秘书应该性情温和，待人友好。秘书在工作中遇到难以沟通的问题时，应习惯换位思考，从对方的角度看问题，理解对方。不管双方的分歧多大，首先要在人格上尊重对方，而不是以权势压人，强迫对方接受自己的意见。

秘书部门是一个单位的神经中枢，从收集信息到给领导安排工作日程，几乎每项工作都需要各部门的协助配合。一个秘书如果不合群，不是离群索居，就是孤芳自赏，很难有亲和力，公司里的同事只会对其敬而远之，工作中不仅得不到各部门的支持，反而有可能寸步难行。

（四）自信、稳重

秘书工作的一个特点就是突发性事情多，秘书必须保持高度的自信，稳重应对。秘书的自信不是挂在嘴上、写在脸上，而应是化作行动；秘书的稳重主要表现为办事谨慎，为人宽容，但这并不是胆怯、懦弱的表现。秘书靠着自信、稳重能够赢得领导的信赖。

（五）有上进心

一名优秀的秘书会脚踏实地，追求上进。上进心表现在两个方面：一是自我学习能力强。秘书应及时了解时事政治的最新动态，把握社会经济发展走向，善于利用各种媒体收集信息，弥补自己知识上的不足和迎接新的工作挑战。二是有意识地不断完善自我。秘书在自我完善中，不仅能更加客观地看待自己，也能更加深刻而敏锐地了解世界和他人。

（六）幽默、风趣

秘书在工作中应该冷静，处理问题小心谨慎。但是，久而久之，秘书可能会给人一种机械而又呆板的印象，这对维持良好的人际关系不利。作为秘书，不仅要搞好个人的人际关系，而且还有责任协助领导处理好各方面的人际关系，因此，秘书还必须机智并富有幽默感。所谓机智，就是不墨守成规，能将原则性和灵活性融为一体。而所谓幽默感，就是秘书说的笑话让人不得不笑，但它又是优雅的。秘书处于企业管理神经中枢，是领导与公司内外交流沟通的重要桥梁，不能为了机智幽默而机智幽默，重要的是个人的内涵和能力，否则，秘书就会给人留下只会耍嘴皮子的印象。

阅读资料

一名称职秘书应该拥有的精神品质

秘书直接为领导、为部门、为群众服务，需扮演好“智库”和“左右手”的角色。一名称职的秘书，在工作中要做到以下几点。

一、永不懈怠

就以写材料为例，随着经验的增加以及对环境的适应、对工作的熟悉，秘书稍不注意就可能放松对自己的要求，满足于当“传声筒”，甚至习惯于围着领导

"转圈子、端杯子、开门子"。有时甚至把以前的稿子更换一下标题、调整一下结构，加上几个新鲜词、配上几句时髦话，送给领导了事。试想，领导对这样的稿子怎么能够满意呢？

袁枚有一首诗写得好："爱好由来落笔难，一诗千改始心安。阿婆还似初笄女，头未梳成不许看。"秘书必须有这样的追求，对每一篇材料都要高度重视、反复推敲、字斟句酌。就像诗中的阿婆，虽然年纪很大了，但还像刚刚成年的女子一样，没有梳妆打扮好就不给别人看。

二、宠辱不惊

(1) 得意莫忘形。秘书跟着领导，很容易产生在领导光环下的得意感与满足感。一位曾当过秘书的同志说过："当领导秘书时，很多不太熟悉的人，老远见了就和我打招呼。其实，这哪是和我打招呼，是在和领导打招呼。"作为秘书，要知道自己是谁，时刻做到宠辱不惊，保持平和心态，决不能妄自尊大、自以为是，更不能干越位和出格的事。

(2) 失意不消极。做秘书工作，任务完成得好不一定得到表扬，可一旦出了纰漏，因为影响面大，多会受到批评，甚至有时出了力也不落好。面对诸如此类的"失意"，不能患得患失，更不能消极应对，要耐得住寂寞、受得了委屈。

(3) 自省要经常。要养成"吾日三省吾身"的习惯，经常反思言行、检视作风，经常打扫思想上的"灰尘"；要自觉遵守法律法规，时时处处严格要求自己，增强自我管理、自我约束的能力。

三、谨小慎微

一不当"愣头青"。就是要悟性好、灵活性强，善于眼观六路、耳听八方，而不能浑浑噩噩、迷迷糊糊。对领导的要求要"心有灵犀一点通"，不能"丈二和尚摸不着头脑"。

二不当"马大哈"。要心细如发、一丝不苟，不能粗枝大叶、浮在面上。"领导未来我先来，看看谁坐主席台；领导未讲我先讲，看看话筒响不响。"这虽然是调侃的话，却真实反映了秘书的工作性质和要求。

三不当"没遮拦"。口无遮拦是秘书的大忌。秘书可能知道得多一些，但应"听在耳朵里，烂在肚子里"，千万不能当"广播电台"，更不能借此显摆。

四不当"二领导"。秘书切不可因为在领导身边工作，就真把自己当成"二领导”，自作聪明、自以为是，甚至不请示、不汇报就擅自拍板定调，更不能打着领导的旗号或利用领导的影响办私事、谋私利。与人相处时也不能动不动以指挥、命令的口气去协调工作，这样既令人生厌，也影响组织形象。

五不当“三脚猫”。为领导服务，能力越全面越好，要能拿笔、会干事，政务、事务、业务、服务样样拿得起、干得好，如果这个不会，那个不懂，不是“盲”，就是“短”，怎么干好工作？

六不当“倔头驴”。秘书工作中难免出现差错，这时最忌讳的就是在领导批评时，找出种种理由为自己开脱，摆出一副死不认账的架势，以致越搞越僵。即使真的不是自己的错，也要“有则改之、无则加勉”。

三、秘书必备的能力

秘书职业的核心竞争力在于其多元化的能力体系，这些能力不仅是履行职责的基础，也是提升工作效率与质量的关键。以下是秘书必备的主要能力。

（一）基础认知能力

1. 智力与观察力

秘书需具备较高的智商水平，包括敏锐的洞察力和良好的注意力，能够迅速捕捉信息，预见问题，为领导决策提供有力支持。

2. 思维与理解力

强大的思维能力和深刻的理解力是秘书工作的核心，有助于秘书分析问题、提出见解，确保工作的高效与准确。

（二）通用业务能力

1. 表达能力

口头与书面表达能力的双重精通是对秘书的基本要求。清晰、准确、简洁的表达有助于信息的有效传递与沟通。

2. 调研与管理能力

秘书需具备扎实的调研功底，能够深入调查、进行科学研究，为领导决策提供科学依据。同时，良好的管理能力也是必不可少的，包括计划制订、组织实施、沟通协调等，以确保工作有序进行。

3. 办事与应变能力

面对烦琐的事务性工作，秘书需具备高效的办事能力和灵活的应变能力，能够迅速适应变化，妥善处理各类问题。

4. 人际交往能力

建立并维护良好的人际关系是秘书工作的重要内容之一。通过有效的沟通与合作，秘书可以创造和谐的工作氛围，提升工作效率。

（三）专业技能

1. 语言文字能力

作为文稿的主要撰写者，秘书需具备扎实的文字功底和熟练的写作技巧，能够撰写出既符合规范又富有创意的文稿。

2. 外语与计算机能力

在全球化背景下，外语能力和计算机操作技能已成为现代秘书的必备技能。它们有助于秘书更好地与国际接轨，提高工作效率。

3. 速记与录入能力

速记和高效的录入能力是秘书提高工作效率的重要手段。它们可以帮助秘书快速记录信息、整理资料，为领导决策提供及时、准确的信息支持。

（四）创新能力

在快速变化的工作环境中，秘书需具备创新思维能力，能够不断探索新的工作方法和思路，为领导提供更加优质的服务和支持。这就要求秘书保持学习的热情，关注行业动态和技术发展，不断提升自己的综合素质和创新能力。

综上所述，秘书必备的能力涵盖了基础认知能力、通用业务能力、专业技能以及创新能力等多个方面。这些能力的全面提升将有助于秘书更好地履行职责、提升工作效率与质量。

四、现代企业领导选聘秘书的标准

现代企业领导选聘秘书一般从以下几个大的方面考虑。

（一）形象和眼缘

形象搭配遵循一个原则——“好马配好鞍”，领导是“马”，秘书是“鞍”，决不能“鞍”的劲头胜过了“马”。比如领导个子不高，秘书太高就显得领导矮小；领导体形偏瘦，秘书太富态容易让人误以为秘书是领导；领导长相一般，如果秘书颜值过高，领导反而成了秘书的陪衬等。眼缘就是对眼、对脾气，不是对方不优秀而是气场不合、没看上眼，有的秘书在外人看来很优秀，但领导就是觉得不合适，没有眼缘。

（二）忠诚和可靠

在领导的视角中，秘书不仅是工作伙伴，更是心灵的港湾与信任的支柱。谈及忠诚与可靠，恰如航海中的舵与帆，缺一不可。忠诚，是秘书品德的基石，它要求秘书如同坚定的舵手，无论风浪多大，始终心系航向——领导的意愿与需求。这种忠诚，不是盲目地服从，而是基于深刻理解与认同的追随，确保秘书的每一分努力都服务于领导的目标与愿景。可靠，则是秘书能力的体现，如同扬帆破浪的风帆，为航程提供持续的动力与保障。它意味着秘书在处理事务时，能够细致入微、周全考虑，确保领导的日常工作顺畅无阻，既高效又贴心。可靠不仅体现在工作能力的卓越上，更在于秘书对领导个人习惯、工作风格乃至人际关系的敏锐洞察与妥善应对。秘书需时刻保持谦逊低调，明辨是非，深知自己的角色定位，不越权、不添乱，以实际行动诠释忠诚与可靠的深刻内涵。

（三）能力和素质

在保证忠诚和可靠的前提下，能力是第一重要的。好的秘书必须具备两点：经验丰富和身心健康。有经验的秘书，在工作中会有这些特征：先决定工作的优先顺序，然后再着手开始工作；做好必要的准备工作后再开始工作；恰到好处地整理好办公环境，以减少疲劳；文件存放从不将就，按规定存放一步到位，这样要找文件时非常方便；在不是特别强调优先顺序的情况下，工作从难到易；对于那些特别耗时间的工作，在处理过程中向领导反映，听取领导的指示。身心健康是从事秘书工作的先决条件。秘书要生活有规律，保持适度的运动与休息，注意饮食的平衡。只有保持身体健康，秘书才能够在工作中保持一定的耐力和爆发力，出色地完成自己的工作。

第三节　秘书的心理素质与心理健康

案例导入

在大多人眼里，秘书的典型形象曾是身着黑色裙装、脚蹬高跟鞋、跟随老板的年轻漂亮的女性。然而近几年来，社会对秘书的年龄要求发生了很大变化。很多公司已开始招聘年龄在35岁以上的秘书。他们认为年龄大的秘书心理与性格更成熟，更忠实于公司，这有利于保持员工队伍的稳定。除了必须的秘书工作技能外，公司领导看重的是冷静的头脑、丰富的处世经验以及待人接物的技巧。这些都是刚从大学毕业的学生不太可能具备的。但不管原因何在，当今领导更注重的是人员素质、工作效率和公司的发展。因此，良好的心理素质与性格给公司带来的就是财富。

讨论：阅读上述案例后，你有何感想？

一、秘书的心理素质

心理素质指人的个性中较稳定的心理品质，它包括心理过程、心理倾向和心理特征方面所具备的内在品质。秘书的心理素质指对秘书职业活动有所帮助的心理品质特征。与秘书活动关系密切的心理素质有以下几个方面。

（一）秘书的性格

性格，是指一个人在个体生活过程中所形成的对现实的态度与行为方式的总和，是一种表现比较稳定的心理特征。可以根据不同的标准对性格进行分类。

（1）根据心理机能类型划分，可分为理智型、情绪型、意志型性格。

（2）根据心理表现方向性划分，可分为内向（内倾）型和外向（外倾）型性格。

（3）根据独立性划分，可分为独立型、顺从型、理论型、经济型性格。

人的性格受生活环境、工作环境、成长环境、个人经历、学识教养、个人主观想法等多方面的影响，是可以改变和培养的。秘书的性格，是秘书在工作和生活过程中形成的、对现实稳定的态度以及与之相适应的习惯化的行为方式，是表现在态度和行为上比较稳定的心理特征。秘书的工作性质，要求秘书具有外向型性格和内向型性格之长并弃其短，既要敏捷，又要沉着；既要活泼，又要严肃；既要善交际，又要保守机密。具体说来，秘书应具备坚毅自控、稳健随和、豁达开朗、敏捷应变、幽默风趣、友爱合作等特质，以适应秘书工作的职业要求。

（二）秘书的兴趣

兴趣，是指人对客观活动、客观事物所持的一种选择态度和积极探索的认识倾向，又是一种复杂的行为动机。兴趣就是人们通常所说的爱好，它是在社会实践中形成的，也可在社会实践中改变。一切有成就的工作大多是以某种兴趣为先导的。在秘书工作中，兴趣具有非常重要的作用。首先，秘书一旦对工作产生兴趣，就会围绕兴趣建立起一系列的目标体系，以百倍的精力、满腔的热情投入本职工作中；其次，良好的兴趣能使秘书自觉地去积累相关知识，掌握专业技能，提高自己的职业素质；最后，兴趣还能使秘书在工作中产生愉快、兴奋等积极的情绪体验，使工作效率得到显著提高。秘书良好的兴趣应具有以下特点：坚持广泛性与中心性相统一，保证兴趣的持久性和效能性。

（三）秘书的意志

意志，是指人自觉地确定目标，并根据目标来支配、调整自己的行动，克服各种困难，来实现预定目的的心理过程，是人的意识能动性的表现。秘书是一个富于挑战的职业，必须在情感的基础上，上升为意志，激励自己为达到目标不断努力。同时，秘书的意志很大程度上决定了秘书工作的效率、工作的质量和工作的成效。秘书良好的意志品质包括以下几个方面。

1. 自觉性

自觉性即在行动中具有明确的目的性，并能充分认识行动的社会意义，使自己的行动服从于社会的要求。

2. 果断性

果断性即在紧急情况下明断是非，及时下定决心并做出决断。

3. 顽强性

顽强性即能在较长时间内，克服重重困难，保持充沛的精力和坚韧的毅力，百折不挠地达到目的。

4. 自控性

自控性即能够有效管理和控制自己的情绪，约束自己的行为，使之符合客观需要。

（四）秘书的气质

气质，指人的心理活动的稳定的、典型的动力特征，具体表现为人的活动的速度、强度、持久性、灵活性、指向性。气质具有遗传性、稳定性、可变性、外显性、差异性等特点。我国古代根据五行分类法把气质分为金、木、水、火、土五种类型。巴甫洛夫高级神经系统活动理论把人的气质分为冲动型、活泼型、安静型、抑制型四种类型。希波克拉特的“体液说”把人的气质分为胆汁质、多血质、黏液质、抑郁质四种类型，并对几种类型的特征做了分析。

我们应该正确地认识气质，坚持气质问题上的辩证法。气质无好坏之分，各人的气质有其所长，也有其所短。气质不能决定人的品德、智力和成就。气质既具有相对稳定性，又具有可塑性。我们提倡对气质要顺其自然，安之若素，扬长避短，促优弃劣，容人所短，克己所短，学人所长。

那么哪种气质的人适合从事秘书工作呢？胆汁质、多血质气质类型的人活跃好动、反应迅捷、喜欢交往、兴趣广泛，在人际交往中有容易适应的一面；黏液质、抑郁质气质类型的人性情沉静，体验深刻，态度持重，考虑周详，比较适合从事计划性强、忍耐力强、细致具体的工作。而他们各自的长处又恰是对方的短处。因此，任何一种气质，只要善于扬长避短，都可以胜任秘书工作并出色地履行岗位职责。

（五）秘书的情感和情绪

情感，是指人对外界刺激产生的肯定或否定的心理反应。情感分为道德感、美感、理智感等。情绪则是指人的情感较强烈、带有冲动性的外部表现。它是一种高度扩散的兴奋或抑制状态，是人主观上对客观事物的直接的心理反应。

良好情绪的保持和巩固，需要客观刺激物，如社会环境、舆论评价、社会公认的标准等。良好的情绪对秘书有重要作用，要求秘书本身尽可能冷静地对待社会环境、舆论评价等影响，能驾驭和控制自己的情绪，保持积极、乐观、平静的情绪，防止并善于克服消极、悲观的情绪。秘书要在理解职业内涵的基础上，上升得到一种对秘书职业热爱的情感体验，以保持高昂的工作热情。

阅读资料

浅谈秘书人员的情绪和压力管理

秘书在开展工作中面临着很多的压力，需要很强的情绪和压力管理能力，以持续保持良好的身心状态投入工作。情绪管理是指有效地控制自己的情感达到心、身平衡的状态；压力管理是对精神和心理上出现的紧张、焦虑、疲惫、不安等负面表达通过适当的方法给予缓解、调整和放松的过程。下面谈谈我在工作中的一些体会。

一、秘书人员常见的情绪和压力问题

秘书工作的从属性、服务性、辅助性决定了秘书工作的繁、杂、忙、累是不可避免的，正是这一复杂的工作特点，使秘书人员较易出现情绪和压力方面的问题。主要表现为：焦虑，如对紧急而时限很紧的任务担心不能及时完成，遇到难以处理的棘手问题，担心领导对自己的工作不满意等；不平衡，付出很多努力的工作没有得到预期的肯定，待遇上与预期有落差，协调配合中产生了矛盾等；压抑、发怒，工作总是不能做到完美，辛苦一场出一点差错就要被领导批评，来访提意见者态度不好、言语伤人等；消沉或厌烦，整天就干这些，总是老一套，烦琐忙碌也见不到成绩，没有出头之日等。这些负面情绪和压力如果得不到有效缓解，不仅危害工作，加大工作中出错的风险和消极性，还会对同事关系产生负面影响，对自己的身心健康也不利，甚至还会将不良情绪带给家人和朋友。

二、有效地缓解自己的情绪和压力

有效缓解情绪和压力，可以从积极的方面加强暗示和锻炼，转化不良情绪，减轻负载，释放压力，使身心处于良好状态。

一是换个角度思考问题。很多不良情绪和压力都是人在认知偏差的情况下形成的。所以要经常提醒自己从正反两面看问题，辩证地分析问题，就可能解开心中许多疙瘩。

二是放下包袱，认真去做。秘书工作中，有很多工作或事物往往本身并不困难，但由于思想压力过大，自己无形中放大了困难的障碍。比如有些秘书人员总是担心领导不满意，主要精力不能用在工作上，反而放在了揣摩领导的心思上，其实领导的情绪好坏也有很多因素，有时候情绪不好也不一定与秘书的工作直接相关。如果放下包袱，真诚地去做好工作，领导是会理解和支持的，而且心理放松后，就可以全力以赴地做好工作，提升自己。

三是积极减轻心理负载。如果心理负载没有增加，而你感到压力很大，状态很差，就表示你的自我调节功能减弱了，说明你给自己加了太多不必要的心理垃圾。这就要我们扔掉心中的“垃圾”，让自己平静下来，重新审视引起自我心理压力的因素，把别人的情绪带来的胡思乱想、自己不必要的担心等，视为“心灵垃圾”全部扔掉，以轻松的心情投入新的工作中。

四是快乐地开展工作。以积极的态度对待每一项工作，往往会干得顺风顺水；以快乐的心情开展工作，工作也会回报你以快乐；以乐观的态度待人处事，你也会感染周围的人。友善的礼节、开朗的表情，遇到不顺心不开心的事想一些开心的事，避开不快，就会有轻松的心情和良好的状态投入工作。

五是突出重点，有条理地开展工作。作为秘书，很多压力来自成堆的工作和无休无止的诉求，事务杂、繁、多，有时还急、难，难免会手忙脚乱，顾此失彼，由此影响情绪和心情。此时要学会“沙漏思维”，科学地安排自己的时间和工作，有时候我们可以从眼前成堆的工作中抽身出来，让自己跳出局外审视一下，什么是最急需完成的工作，什么重要工作需要投入较多的精力和时间，什么工作可以通过方法上的改进提高效率等。当我们以事务之外的眼光看工作时，就能理出头绪，有条理地开展好工作了。

六是锻炼情绪定力，学会控制情绪，而不是被情绪控制。当遇到可能会情绪发作的事情时，需要保持冷静、理智，学会“延迟反应”，即先离开5～10分钟，或在心中默数十个数字，对于眼前的情景想象一下自己的情绪发作可能产生的后果。通过这种情绪锻炼逐渐达到对情绪的管理和掌控，提高个人的心理成熟度和修养。秘书人员由于职业的特点，尤其要重视对情绪控制的锻炼。

七是正向自我激励，自我肯定，提升自信心。秘书人员的很多压力来自他人对其工作的满意度和认可度，既关注自己在他人眼中的形象，也在乎他人对工作的评价，从正面的意义来说，这有利于借鉴他人的评价进行自我完善和工作改进。而如果过分在意他人的评价，放弃了自我内心的基本原则，就很容易陷入不安、焦虑和悲观。自我激励不是傲慢和盲目自信，而是以真诚和坚持原则为态度，塑造坚强自信的自我形象，可以改进的改进，暂时不能改进的方面要学会先接受下来，看到自己的进步和收获，注重总结和提升，还要注意远离经常抱怨的人，因为抱怨是一种放弃自身原则的表现，不利于培养自己乐观向上的生活和工作态度。

八是以适度的业余娱乐生活来调剂自己的心情和情绪。秘书人员的工作多为案头和室内工作，因此，节假日和业余时间进行适度的适合自身的运动和活动，如听音乐、玩棋牌或其他娱乐活动，保证充分的休息等，对于调节自己的情绪、释放压力、保持良好的精神状态是大有裨益的。

资料来源：陆平．浅谈秘书人员的情绪和压力管理［J］．现代经济信息，2015（3）：49.

二、秘书的心理健康

秘书的工作是一项十分繁重的脑力劳动。当代秘书活动的紧张性、快节奏和高压力，都对秘书的心理品质提出了越来越高的要求。秘书在自我发展、自我完善的进程中，要努力保持健康的心理状态。

秘书处于各管理系统的中枢，地位特殊，事务的繁重、角色的复杂，都常使其心理处于紧张状态，若不注意加以调节，就会造成心理失调甚至引起疾病。

秘书尤其是青年秘书往往由于工作压力过重，遇到挫折，或自己的成就动机得不到及时满足而产生焦虑。一般表现为：经常疑惑忧虑；经常怨天尤人，无缘由地自忧自叹；微不足道的小事都足以引起不安；遇到紧张的心理压力时，便会慌张不知所措，丧失应付的能力。在生理上则会表现为常常长吁短叹，甚至有胸闷、心悸、头昏、呼吸困难等异常感觉。

秘书应该如何克服焦虑的心理障碍呢?

首先，要敢于面对焦虑，增强自信，对未来充满信心。可以冷静地问自己："这件事最坏又会坏到什么程度呢?"勇敢地回答这个问题，焦虑也就消失了。

其次，培养"处之泰然，安之若素"的襟怀，不为一时一事所困扰，不为小小的得失而心神不定，这样焦虑心理自然就消失了。

最后，可以制订一个行动计划来代替焦虑。当拿出一个有意义的工作目标并全力以赴地去实现它时，也就无暇去焦虑了。

秘书要在工作中保持心理健康，需做到以下几点：

第一，要树立正确的人生观。只有树立了正确的人生观，才能正确对待工作与生活中出现的各种矛盾、困难和挫折，对外界环境产生适当的行为反应，保持良好的心理状态。

第二，要确定适度的抱负水平。要在充分认识自己的基础上，将自己的抱负与所从事的工作结合起来，力求在完成工作目标的过程中去实现自己的理想抱负。

第三，要创造良好的人际关系。只有清醒地认识到自己的人际关系状况，形成正确的自我意识，宽容待人，乐于合作，才能创造良好的人际关系环境，促进心理健康发展。

第四，要及时调整不良心理。要自觉调整和克服不良心理因素的影响，形成正确适度的行为反应，维护心理健康。

第五，要参加各种有益的活动。积极参加有益的文体活动，对克服不良心理、维护身心健康大有好处。

阅读资料

曾国藩的处世哲学对秘书冷静心理的影响

“每逢大事有静气”指的是每当遇到大的事情之前先要冷静下来。这是曾国藩沉浮官场数十载的做事原则。年轻时的曾国藩于官场沉浮，也会有心烦意乱的时候，他向唐鉴先生求教。唐鉴送给了他一个字——“静”，只有静下心来，才能有效地处理各种各样的事务。所以曾国藩每天都会独自静坐一会儿，许多处理事务的办法便都在此中得来。特别是在遇到一些严重的问题时，他更是不会随便去做出判断，往往要经过几番静静地考虑之后，才会拿出一个办法来。不仅在处理大事上如此，处理细小的事情更是如此。

秘书的心理状态对工作的影响尤其重要，不妨每日面对复杂的工作时先小坐一会儿，反复思考解决问题的方法，以最好的状态来解决复杂的事务。秘书不同于其他职业，每天面对繁杂的事务，除了需要出色的专业技能外，还需要有强大的内心。作为一名优秀的秘书，保持冷静尤为重要。秘书的工作十分琐碎又不能出现一点错误，如果忙中出错，那么这些小事也可以称作“大事”了。秘书需要调节自身的心理状态，如果总是自乱阵脚，又如何能为领导提供良好的解决意见？

资料来源：肖金雨．曾国藩处世哲学对秘书心理的影响［J］．戏剧之家，2018(25)：227.

素养园地

秘书修养的“多”与“少”

当前，我们所处的世界是瞬息万变的信息世界；所处的时代，是一个改革、探索、创新的时代，人们充满着更多期盼和渴望。作为秘书工作者，如果不能摆正位置、调准心态，难免会心浮气躁，甚至经不起诱惑、守不住防线。因此，提高自身修养，我们应该多一点理性思考，少一点心浮气躁。

多一点自学，少一点自负

多一点自学，要求秘书人员树立终身学习的观念，注重学习的系统性。一方面，注意不断充实理论知识，夯实理论根基，提高理性思维的能力；另一方面，注意对上级精神的学习、理解和把握，特别是要加强对经济知识的学习，以提高对社会经济发展形势的了解，更好地把握大局、服务大局。每一位秘书工作者都应养成勤于学习的习惯，以防工作“跑题走调”。

在系统学习的同时，还要注重长效学习。要多看一些业余读物，比如经济学、哲学、历史等方面的专著。读这些书，不仅可以拓展思维，增强个人理性思考的能力，更重要的是对一个人的修养、为人处世都有直接的启迪、借鉴作用，对于个人丰富、更新知识，提高分析解决问题的能力，更能认识到自己的不足，做到谦虚谨慎，不自以为是，都有较大益处。

多一点认真，少一点较真

对待工作要认真，秘书人员都是优中选优聘来的，只有在现任岗位上认真去做，才会留下一个个踏实的脚印。

认真不认真取决于一个人的态度。有研究发现，一个人得到一份工作，85%取决于他的态度，只有15%取决于其智力和其他因素。可见，一个人的工作态度对工作是否称职、能否取得业绩至关重要，也可以说是“性格决定命运，态度决定成效”。因此，工作要认真投入、兢兢业业。也只有认真投入去做了，才能发挥每个人潜在的能力。

对待他人要少一点较真，多一些宽容。大家能够共事，是一种缘分。当我们离开岗位、离开职位、离开单位以后，我们会怀念今天。因此，要调节好心境，正确对待他人，只要不是原则性问题，都可以灵活处理。

多一点应对，少一点应付

虽然一字之差，却是两种截然不同的工作观，反映了两种截然不同的职业素养。一个单位要提高整体素质和工作效率，一个人要提高工作水平和工作能力，就要多一点应对，少一点应付。

工作是应对还是应付，要看一个人对自己工作的热爱程度。要倍加珍惜，热爱工作，保持良好的精神状态，积极把应做的、能做的、会做的工作做好、做精，这样我们的工作才能出成绩，自己才能不断充实、提高。

要主动而不被动。应对是积极、主动出击，而不是消极应付，被动接受。不要把工作当作一种压力、任务，而要当作一种乐趣、爱好来对待，这是做好一切工作的基石和前提。

要灵活而不圆滑。灵活是一种积极的处世方法和应对措施，目的是把工作做得更快、更好；而圆滑则是一种投机取巧，是一种不切实际、不着边际的浮夸，甚至是欺上瞒下、耍滑头。

要敏锐而不敏感。敏锐是做好工作的基本要求，要在投入的状态下保持清醒，而过度敏感则是一种神经过敏，是一种思维错位、认知误区。

多一点比较，少一点计较

每一位秘书工作者都要有自知之明，无论能力再强、水平再高，都不能自我感觉太好，要在比较中找到差距、定好位置。也只有在比较中，我们才能拓宽视野、拓展思维，通过比较坚定信心、明确目标，加倍努力。

多比较、少计较，表现了一种为人的姿态。在与人相处中，很多时候都没有必要纠缠一些细枝末节。如果过于计较，就会造成心态不平衡、心情不舒畅，甚至出现一些误解，对人、对己、对工作都有害无益。原则只有一条：为了工作，要想得远一点，想得通一点，想得开一点。对自己多一点大气、正气，对别人多一点大度、宽容。

多比较、少计较，还表现了一种人格魅力。著名的社会学家马尔腾有句名言：工作是一个人的人格表现。就是说检验人的品格有个标准，就是看他在工作时所展现的精神品质。这种精神品质，不仅与工作效率有很大关系，而且对人的品格也有很大影响。他有一个形象比喻，叫作“你的工作就是你生命的石像”，它是美是丑，是可爱还是可憎，全部掌握在自己手中。

的确，我们在做的每一项工作，实际上都是在塑造自己的“石像”。“形象”如何，并不是凭个人的职位、外貌所决定的，而是一个人的气质、能力、水平、人格力量等内在因素的综合反映。所以，要以一种“多比较、少计较”的态度投入到工作中去，力求多做事、做好事、少误事。

多一点随意，少一点刻意

这里的“随意”，不是随随便便、随心所欲，随波逐流、随遇而安，而是一种能够客观冷静地面对现实的超然心境。刻意则是不切实际，是人为地去追求一些过高的目标与要求，反映出一种耐不住性子，甚至是沉不住气的心态。生活确实有一些不公平，但是怨天怨地没有用，消极沉沦更无益，唯一的办法就是调节心情，坦然面对、乐观接受。因此，每个人在自己的岗位上都要带着一份热情去做，凭着一股子干劲去做，唯有这样才能赶超强手、超越自我。

多一点随意，少一点刻意，反映在具体工作中，关键是要养成一种踏实的作风。机关的工作，需要多一些“实干家”、少一些“空谈家”，多一些脚踏实地、少一些天马行空。一个人有无工作能力，不是看讲了多少，想得多好，关键要看做了多少，做得如何。从某种程度上，“桌风”反映出“作风”。如果一个人桌子上摊满文件材料，甚至无用的资料，很难说是规范高效的。桌子上放着的工作，该你做的，要抓紧去做，力求做精；不该你做的，不要耽搁，马上转出去；不会做的，多动动脑筋，多向人请教。要通过多做事情、快做事情，提高自己的处事能力、应变能力，提升自己的底气。

多一点俯视，少一点仰视

一个人向上看、向前看，可以明确方向，可以激励斗志。但是如果老是向上看，朝天看，就可能会脱离实际，甚至会好高骛远。有时候向后看看，朝下看看，可能会更平和，更切合实际。

俯视和仰视，两种不同的视角，决定了两种不同的人生。个人认为，正确的视角不外乎四个方面：一是有一种“踏实拼搏、勇于争先、不甘居人后”的超群品质；二是有一种“你在做的我也会做，并且能够比你做得更好，我在做的你不一定会做，并且不可能比我做得更好”的工作态度；三是有一种“我在单位里是一个不可多得的人，而绝不是一个可有可无的人”的雄心壮志；四是有一种“在平常而又平凡的岗位上，不求轰轰烈烈干大事，但能实实在在做小事”的坦然心境。

人生的道路虽然漫长，但紧要处常常只有几步，特别是当人年轻的时候。人生运行轨迹靠自己去把握，如果希望自己的轨迹运行得高一些、亮一些、完美一些，就必须俯下身子，踏踏实实做好每一项工作。

资料来源：徐明光．秘书修养“多少”谈［J］．秘书工作，2005（2）：45－46.

练习与实训

一、思考与讨论

1. 有一位秘书学专家用“骡子的耐劳，犀牛的脸皮，狗的忠诚，蜥蜴的隐蔽”这样四句话培养和要求他的学生，现在他桃李满天下，很多学生都获得了成功。通过本章的学习，谈谈你对上面四句话的认识。

2. 有人把秘书的能力概括为“三会、三能”，即会写作，坐下来能写；会交际，站起来能说；会实务，走出去能干。通过本章内容的学习，谈一谈你是如何理解“三会、三能”的。

3. 作为秘书，一定要养成“认真”的习惯。对于秘书来说，办公室里无小事，必须认真做好工作中的每一件小事。“什么是伟大？伟大就是把每一件看似简单的小事重复做好一千遍乃至一万遍。”这句话对你的专业学习有何启迪？

4. 有人说：“不懂得服从的秘书不是合格的秘书，但是只会一味服从的秘书绝不是优秀的秘书。”你如何理解这句话？

二、职业测试

测测你的心理健康程度

每个人都非常关心自己的健康，无论是心理上的还是生理上的，那么，什么才是心理健康呢？它是指人的内部心理与外部行为和谐、统一，并能良好地适应社会、环境的一种心理状态。它有以下几个指标：对自己有恰当的认识，正视并能接受现实，有良好的人际关系，热爱生活，乐于学习和工作，能调节控制自己的情绪，保持良好的心情，有健全的人格，心理特点符合年龄特征。

问题：以下题目可以帮助你了解自己的心理健康程度，使你更清楚地认识自己。请你根据自己的实际情况，在选项“A. 是”“B. 无法确定”“C. 不是”中选出和自己最接近的一项，填到后面的括号内。

1. 心情总是闷闷不乐，情绪善变。（　　）

2. 老是担心门没锁好，电源可能有问题，因而多次检查，甚至走了好远还回来看看。（　　）

3. 虽未曾患过恶性疾病，却一直担心会染上什么严重的病。（　　）

4. 容易脸红，害怕站在高处，害怕当众发言。（　　）

5. 由于关心呼吸和心脏跳动的情况而难以入睡。（　　）

6. 每天总是多次洗手，认为公用电话不洁而不敢使用。（　　）

7. 总是担心“这样做是否顺利”，以致无法放手去做。（　　）

8. 有些奇怪的念头总是出现在脑海里，明知这些念头很无聊，却又无法摆

脱。（　　）

9. 离开家门时，如果不从某只脚开始走，心里总是不安。改变床附近的东西就无法入睡。（　　）

10. 尽管四周的人都很欢乐，自己却觉得没有什么意思。（　　）

11. 外界的东西犹如影子一般朦胧，见到的东西无法清晰地回忆出来。（　　）

12. 总觉得父母或亲友最近对自己太冷漠，或者不知为什么总是很反感或产生强烈的孤独感。（　　）

13. 心中无端地产生“这个世界正趋于灭亡，新的世界即将开始”的感觉。（　　）

14. 总觉得有人在注意、凝视自己或追赶自己。（　　）

15. 有时会产生被人左右或身不由己的感觉。（　　）

16. 常自言自语或暗自发笑。（　　）

17. 虽然没人却总觉得有声音，晚上睡觉时总觉得有人进入了房间。（　　）

18. 遭到失败或与同学不和谐时，会很敏感地觉得“我被人嘲笑”。（　　）

19. 当自己的权利受到侵害时拼死力争。（　　）

20. 当丢了东西时，便不由自主地想到“大概是某某偷去的”；当受到老师的批评时，立即会想到“一定是某某告密的”。（　　）

案例分析

案例 1：秘书的资质

在一次行政管理培训中，培训师给秘书们出了一道题：一位秘书接过老板在酒店收到的一份客户传真，马上就去做了份复印件。为什么她要这么做？学员们给出了各种各样的回答，比如备忘、留底等。其实正确的答案是，酒店那份传真是热敏纸，时间久了字迹会褪色。

问题：这个案例对你有什么样的启示？

案例 2：如果你是秘书该怎么接电话？

将近年底，公司特别忙，就要召开董事会了，由于销售总额大幅度下滑，总经理心情不太好。这天上午 10 点左右，广告公司的赵总来电话，想就明年的广告代理问题与总经理交换一下看法。总经理正忙得焦头烂额，听秘书说赵总要谈明年的广告问题，就对秘书说了一句：“不就是明年的广告吗？现在没时间！”

问题：秘书应该如何回广告公司赵总的电话？以下几种选择，你建议秘书选哪一个？

1. 今天我们姜总时间安排得很满，实在抽不出时间。回头我再给您打电话可以吗？

2. 您的事我们姜总基本知道，但是今天确实没空，下次再约时间吧。

3. 我们姜总正急着赶份材料，不能接电话。

4. 赵总，关于明年的广告问题，您跟我们公司企划部的张经理谈，可以吗？

5. 我们姜总今天身体有些不舒服，有什么事您先跟我说，我再转告他，可以吗？

案例 3：王科长的无奈

一天，某市教育局秘书科的王科长正在办公室批阅文件，本单位一位以爱上访告状“闻名”的退休干部杨某走了进来，说要找局长。王科长先热情地招呼他坐下，然后敲开了局长办公室的门，请示局长如何处置。局长此时正忙于局里的工作，无法见杨某，对王科长说了一句：“告诉他我不在。”就又低头忙他的去了。王科长回到自己的办公室，对杨某说：“领导不在办公室。你先回去，有什么事我可以代为转告。”既然这样，杨某也无话可说，悻悻地离开了秘书科。

过了一个多小时，王科长起身去档案室，来到走廊，想不到竟看见局长与杨某在卫生间门口握手寒暄，并听到杨某说：“刚才王科长说您不在办公室！”“哪里，我一直在啊！”局长毫不迟疑地回答。王科长顿感浑身一阵冰凉。

原来，杨某走出秘书科以后，并未离开，在办公室的走廊来回走动，刚巧碰上局长上卫生间，急忙抢上前去打招呼，这才有了刚才那一幕。事后，杨某逢人就说王科长欺下瞒上，品质太差，没有资格当秘书科科长。王科长有口难辩，刚开始感到很委屈，后来一想，当领导这样做也是出于无奈，当秘书的应注意维护领导的形象，否则将给工作造成不良影响。所以，他从不对人解释此事，听到议论，也一笑置之。

问题：如果你是王科长，你应该如何做才不会给工作带来不良影响？

案例 4：领导犯错让自己受过

小尹是公司市场部秘书，公司为了争取一个重要的客户，领导让小尹做一份产品展示和推介计划。那天中午，领导特意请小尹去吃饭，并一反常态地说：

“小尹啊，你很努力，我都看在眼里，你真是我的好助手。这个客户很重要，关系到公司的一大笔生意，所以这个展示和推介计划一定要做好，交给你做我很放心。这件事情做好了，我一定会向总经理给你请功。”小尹当时很是激动，所以很努力地工作，每做一部分就拿给领导过目，领导看了以后满意得不得了。

客户终于来了，正当小尹当着全公司高层给客户展示产品推介计划时，意外发现，关键部分被领导修改了。小尹只好硬着头皮随便讲了一下。但是客户却在关键点上纠缠不清。由于关键点已被改动，与自己原先做的不一样，小尹也不能自圆其说，最后生意没有谈成，小尹也被总经理狠狠地训了一顿。小尹感觉很委屈，关键部分是领导修改的，怎么把账全部算到自己头上来了？

问题：小尹的问题出在哪里？如果你是小尹，你应该怎么做？

案例 5：上班迟到了怎么办

公司新来的总经理，做事很严谨、严肃，每天早上 9 点会在公司门前看谁上班迟到。小夏是公司办公室秘书，上班经常迟到，以前的总经理对此不太在意。国庆节长假后上班第一天，由于好几天没有上班，小夏虽然闹钟定了时，可是早上还是起迟了，紧赶慢赶，到公司的时候迟到了 15 分钟。总经理在传达室门口，问：“怎么，今天迟到是什么原因啊？”小夏想都没有想就随口说：“去兄弟单位的客户那里说了事，耽误了时间”。谁知，总经理一个电话打到对方公司，对方说小夏没有去过。老板通知人事部扣除了小夏当月的奖金，并对小夏警示，这个月如果再迟到一次，就叫她自动离职。

问题：小夏的问题出在哪里？如果你是小夏，你应该怎么做？

案例 6：秘书小夏和小尹

小夏和小尹是大学同班同学，两人大学毕业后，应聘到同一家公司当秘书，辅助总经理的工作。两人的起点是完全一样的，但是在一年之后，无论是工作能力，还是上司的信赖程度，两人的差异却非常明显。

小夏的自我表现欲很强，喜欢争强好胜；而小尹倒像是小夏的秘书，她只做一些由小夏从总经理那里转来的工作。老文是总经理办公室副主任，跟着总经理快 20 年了，是总经理名副其实的助手。老文给小夏安排的第一项工作是让她制定总经理司机的日程表，以便接送总经理。但是，只做了一个星期，小夏就三次把地点搞错，让总经理很不高兴。老文让小夏工作细心一点，可她一口咬定都是司机失误，把责任推得一干二净。于是，老文也懒得管小夏了，只安排她打杂，做一些收发、复印材料之类的工作，怕她再给自己惹什么麻烦。

小尹与小夏完全相反，她虽不太爱说话和表现自己，但工作任劳任怨，能虚心接受老文的批评和建议；遇到不懂的地方，她会主动向老文请教。当工作中出现失误之后，她会主动地承认自己的过错并道歉。老文觉得小尹是做秘书的好苗子，将自己所有的秘书经验都传授给了她。有一次老文突然请假，总经理对老文说："那先让小尹代替你工作吧。"

对于自己挑选的两个助手，老文一开始对她俩一视同仁，并且对小夏寄予了更大的希望。但是，不到一年的时间，两人的表现极为不同。第二年，老文被提拔为一个子公司的总经理。在交班之前，他向总裁推荐由小尹接替自己的工作，并把小夏辞退了。

问题：小夏和小尹两人师出同门，怎么会出现这样的差别？问题出在哪里？如果你是其中一个，你应该怎么做？

案例7：与人方便，与己方便

一天，海潮公司秘书张洁正在整理客户信息，接到财务部的电话请她帮忙。原来，出纳小王出差了，人力资源部部长突然要份工资表，会计不会打印工资表，就请张洁帮忙。张洁从电脑中调出专门的财务表格模块，几分钟就做好了。后来有一次总经理要下半年的财务数据，张洁一打电话，财务部很快就把数据送过来了。

问题：秘书与职能部门在工作中应该如何相互支持和配合？

案例8：该向谁请示

公司每年都有派员工到国外参观培训的机会。销售部小王前几次都因事没有能够参加，这一次他很想抓住机会，到国外看看，学习学习。

这天上午，他来到秘书小夏的办公室打听情况。小夏对小王说，前两天还听到三位总经理议论这件事情的，具体情况就不太清楚了。小夏叫小王自己去找总经理争取一下。小王很为难，三位总经理到底找谁比较好呢？

小夏给小王分析：王总平时不管事，找他没有什么用；张总对人比较凶，单位没有人喜欢他，而且人比较固执，找他可能也不行；叶总平时为人比较和善，看见下属都笑嘻嘻的，而且比较好说话，找叶总应该没有问题。

小王出国参观学习回来后，几位总经理为人的流言在公司上下传开了。没过多久，秘书小夏被公司辞退了。

问题：秘书小夏为什么被公司辞退？如果你是秘书小夏，你应该怎么做？

案例 9：业务主管不近人情吗

12 月中旬，市场部准备联合公关部在某大型百货商场做促销活动，两个部门合写了一份请示给总经理，文件送到总经理办公室已经 4 天了。由于年终将近，总经理事务繁忙，其秘书小牧也是忙个不停。周五上午，小牧碰到了市场部主管林晓。林主管是个严厉且老资格的公司高管，质问道："怎么这么拖延呢？元旦快到了，那份文件一直没有回音！你怎么不帮我们催催呢？"小牧立即应答："实在不好意思，这段时间很多事情，特别忙，请理解……"话才说了几句，被林主管打断："大家都忙，文件早就送过去了，且元旦临近了，你分不清轻重缓急?!"小牧觉得很委屈，总经理吩咐的事情最近特别多，忙都忙不过来，这份文件的确记不清送了有多久了。

问题：如果你是小牧，你如何面对埋怨且有怒气的林主管？在年终这样忙碌的时刻，秘书应该怎样协调总经理和自己及各部门的工作呢？

案例 10：离职仅为受训斥

锦绣集团的总经理对下属一向严苛，公司很多管理人员与普通员工都是在"骂声中"成长起来的。才从人才市场应聘进入集团总部的秘书彭娟某天下午搞错了会议用的文件，被总经理训了两句，彭娟眼泪当时就掉下来了。总经理见状有些不快，硬生生将接下来的训斥吞了下去。打那以后，大家发现彭娟似乎不在工作状态，经常无精打采。就在大家纷纷感慨现在的年轻人怎么这么经不起打击时，一份辞职报告已经交到了人力资源部主管的办公桌上，此时距离她进公司也不过两三个月而已。

问题：彭娟的做法你赞同吗？为什么？

第四章

秘书职能范畴

教学目标

知识目标

1. 了解秘书在辅助决策中的有关概念和活动事项。
2. 了解秘书在督查检查中的有关概念和方法要领。
3. 了解秘书在协调关系中的有关概念、程序及注意事项。
4. 了解秘书在工作中的保密事项。

技能目标

1. 理解秘书辅助决策的作用和流程，能够开展辅助决策活动。
2. 掌握运用督促检查的方法和要领。
3. 学会如何在工作中协调关系。
4. 学会在工作中如何开展保密工作。

素质目标

1. 培养秘书在辅助决策中的素养。
2. 培养秘书督促检查的方法和思路，提高秘书督促检查的技能。
3. 培养秘书的沟通协调能力。
4. 增强秘书的保密意识。

第一节 辅助决策

案例导入

下午一上班，投资部就送来一份关于“上海飞腾公司情况介绍”的材料，这是张总催着要的材料，秘书小李让投资部的人赶紧送过来，果然很快送到。

也许是时间太急，投资部送来的材料中不仅有错别字，还有一些语法上的错误，于是小李把材料的文字稍微润色了一遍，重新打印送给张总。

张总将材料翻了翻，就皱起眉头说：“小李，这份材料你加工处理过，是吧?”

“是的”，小李不清楚张总问这话的意思，“我只是对其中的文字润色了一下。”

“小李，你应该知道我要这份材料的目的。我想了解飞腾公司的资产状况，但是更想了解飞腾公司目前管理层的状况。我要的是他们目前实实在在的真实情况，而不是这么几个干巴巴的数字和几条标语。你知道吗?”

张总的脸越拉越长。

“小李，我是经理，你是秘书，所以，我希望你做我的眼睛，做我的耳朵，甚至做我的手和脚，但我不希望你做我的大脑！哪些材料有用，哪些材料没用，由我自己的大脑来判断，好吗?”

稍后，张总态度缓和了一些：“是不是投资部把材料给你的时候，就是这个样子？可能主要责任不在你。这样吧，你去把投资部的李部长叫来，我要听取他的口头汇报。”

讨论：在这个案例中，小李哪些方面做得不合适？如果你是小李，你会怎么做?

一、辅助决策概述

在组织管理中，决策是领导的首要职责和核心工作。从一定意义上说，领导过程就是制定并实施决策的过程。而秘书作为领导的直接参谋和助手，理应尽职尽责地辅助领导把决策实施好。

（一）决策、辅助决策的含义

决策是人们在社会实践过程中寻求并实现某种最优化预定目标的活动。有狭义和广义两种解释，狭义上，决策是指人们确定未来行动目标，并从两个以上实现目标的可行方案中选择一个最佳方案的分析、判断过程；广义上，决策是指人们为达到一定目标而决定行动方案并付诸实施的过程，既包括决策的制定又包括决策的实施。

秘书辅助决策是指在领导决策的过程中，秘书从能力、知识以及经验等多个方面为领导决策提供支持及帮助，进而有效提高领导决策的时效性以及科学性。它包含决策前的秘书工作、决策中的秘书工作和决策后的秘书工作，即决策过程中的各项辅助行为。

（二）辅助决策的过程

秘书辅助决策的过程，也就是领导决策的过程。根据决策理论与决策实践，辅助决策的过程分为四个阶段。

1. 决策准备阶段

决策准备阶段，就是决策的起始阶段。它包括三个步骤：一是发现问题，即发现应有状况与现有状况之间的差距，并分析和确认问题；二是确定目标，即在调查和预测的基础上，确定所期望达到的结果；三是拟制方案，即拟定多种可供选择的达到目标的有效途径。

2. 决策制定阶段

决策制定阶段，就是决策的决定阶段。它包括两个步骤：一是分析评估，即对各种预选方案的利弊得失进行分析比较，并作出定性和定量的估计；二是方案选优，即决策者依据价值准则，对各种经过论证的预选方案进行最后抉择。

3. 决策审定阶段

决策审定阶段，就是决策的批准阶段。它包括两个步骤：一是决策审批，即呈报上级机关或主管部门审查批示，取得上级对决策的认可和支持；二是立法认定，即重大决策须经权力机关审议批准，以获取法律效力。

4. 决策执行阶段

决策执行阶段，就是决策的落实阶段。它包括两个步骤：一是试验证实，即对决策进行局部试验，以验证其方案运行的可靠性和可行性；二是普遍实施，即对经过试点并取得成功的决策进行全面推广。

上述四个阶段及其各个步骤，是对决策的一般过程而言的。在每个阶段中，都有一系列的秘书活动。

（三）辅助决策的意义

在领导决策的过程中，秘书是一支常备的辅助力量，具有特殊的、不可取代的作用。

1. 现代领导工作的必要补充

由于信息量的急剧增加，科学技术的日新月异，各种矛盾的千变万化，现代决策是领导个人的智慧难以胜任的。这就需要借助他人的头脑与双手，以弥补领导个人才智、经验和精力的不足。秘书在领导的身边工作，比较熟悉领导的决策意图与思路，便于直接为领导的决策服务。因此，充分发挥秘书在决策中的作用，是对领导工作的必要补充。

2. 秘书职能的重要转变

在秘书职能的转变中，辅助决策是最重要的职能转变。这种转变，源于决策已成为基本的领导职能。因此，秘书不能只满足于简单的办文办事，而应做到既办文办事，又出谋献策。所谓出谋献策，主要是辅助领导做好决策前、决策中和决策后的各项服务工作。这是秘书工作的新内容，也是领导工作对秘书工作提出的新要求。

3. 造就新型秘书人才的有效途径

决策的民主化和科学化，不仅对领导的素质提出了更高的要求，也对秘书的素质提出了更高的要求，如合理的知识结构、优良的智能素质、必备的非智力因素以及创造性的思维品质等。因此，要做好决策中的服务工作，关键在于提高秘书的辅助决策能力，造就一批既懂决策理论和决策技术，又有实际经验的足智多谋的新型秘书人才。

二、辅助决策的原则

秘书要有效地辅助领导进行科学决策，必须遵循以下基本原则。

（一）定位原则

在决策过程中，秘书要始终将自己置于辅助的位置上，一切从“谋”出发，做到“谋”而不“断”。这是因为，决策的主体是领导，决策是领导的权力与责任。秘书作为决策的辅助力量，只能充当领导的参谋和助手，绝无决断的权力和义务。因此，强调发挥秘书在决策中的参谋作用，并非意味着“谋”“断”不分。任何“喧宾夺主”或“反客为主”的思想和行为，都有碍于秘书参谋作用的发挥。

（二）超前原则

决策，不论是战术性决策还是战略性决策，也不论是程序性决策还是非程序性决策，都是对未来行动的抉择。可以说，它是规划未来、影响未来、推动未来的行动。因此，决策制定特别是决策执行中，随机性、可变性和风险性是客观存在的。为了实现决策的科学化，提高决策的可靠性，秘书应坚持辅助决策的超前原则。所谓超前原则，就是要以预见的眼力和预测的本领，多考虑未来的需要，多提供未来的信息，多拟订“防范措施”。要争做“事前诸葛亮”，发挥超前服务的作用。

（三）系统原则

决策是一项系统工程，它要求决策者和决策支持者，必须考虑决策所涉及的整个系统、与之相关的系统，以及构成各个系统的相关环节，以免作出顾此失彼、因小失大的错误决策。根据这一原则，秘书在辅助决策时，要有全局观念和整体思维能力；要善于观察和把握决策的内外部环境，以及各种关系的发展和变化；要尽职尽责地做好决策过程中的各项事务性工作，特别是各项协调工作，以保证领导决策的整体效能。

（四）信息原则

信息是决策的基础。领导决策的过程，就是信息沟通的过程。决策是否正确，取决于决策所需要的信息是否及时、准确和适用。因此，在决策的各个阶段及其每个环节上，秘书要十分重视信息工作，要利用所有的渠道资源将决策所需的信息收集、加工并整理好，以便领导决策参考。

（五）谏诤原则

决策常常是关系到全局、长远和重大利益的行为。一着不慎，全盘皆输。历史的经验表明，决策失误是最大的失误，其后果是极其严重的。因此，决策要特别慎重，讲究科学。但是，决策是一个动态过程，又受到多种因素的制约，产生某些错误乃至失误，也是难以避免的。一旦察觉或发现决策中的不足和过失，或可能导致的不良后果，秘书应本着对事业、对社会极端负责的态度，实事求是地向领导进言，直言不讳地提出自己的意见和建议。那种为个人利益而患得患失，甚至面对错误也不知不谏的行为，是一种不称职或失职的表现。

阅读资料

秘书工作要围绕“谋”字做文章

新时代，作为辅助领导进行决策和管理的秘书工作，面临着新的挑战、新的任务；作为领导决策“外脑”和管理助手的秘书，必须不断更新工作思路，正确认识和把握形势，强化参谋功能，为领导引路导航，从而更好地为领导服务。如何提高秘书的参谋能力，必须做到“四要”。

一要有谋。有谋是秘书当好参谋、辅助决策的基础。要做到“有谋”，必须做到胸中有“数”，言之有据。对于胸中有“数”，第一要做到“数”多。这就要求秘书必须腿勤、嘴勤、手勤、脑勤，多学习、多实践、多思考、多积累，积极建立“知识库”“信息库”“材料库”，为决策储备知识、信息、材料，为当好参谋打下坚实的基础。特别是当今社会已进入信息化、智能化时代，新政策、新举措、新事物、新经验应运而生，这无疑对领导制定方案、实施决策提供很大借鉴。作为秘书，必须用超前的眼光、超前的意识，对上下左右各个方面的各类信息进行及时收集、整理和研究。只有对各方面的情况和信息了如指掌，为领导参谋做决策时，才有事可参，有事可谋，而不会腹中空空，人云亦云。第二要做到“数”精。在调查中所获取的材料，往往是最原始的、最粗糙的、最杂乱的，这就要求秘书必须对这些材料进行去粗取精、去伪存真、由表及里、由此及彼的深加工，制作成有条理、有针对性的，能反映事物本来面目，反映事物全面性、本质性、内在规律性的精细材料。只有这样，秘书在参与决策时，才能争取时间、言简意赅、紧扣主题、击中要害，避免“下笔千里，离题万里”的现象。第三要做到“数”真。每个人对社会上所发生的事情看法不一、评判不一，甚至一叶障目，颠倒黑白。加之现实生活中发生的事情也不是片面的、简单的、孤立的，而是错综复杂的，往往会鱼龙混杂，让人真假难辨，好坏难分。有些情况看起来真实可靠，却只反映某些人、某个方面、某段时间的“真实”，并非社会本质的真实、全面的真实，并非符合客观规律的真实。这就要求秘书对事物的看法具有敏锐的洞察力，对获取的材料进行反复思考、反复论证，正确把握其真实性。这样才能有效避免参谋策划时，把那些貌似真实、实则虚假的情况提供给领导造成决策失误。第四要做到“数”析。分析问题，这项工作比提出问题更重要。面对模糊杂乱的大堆事务，只有经过鉴别、筛选、提炼、综合、加工等环节，经过一番沙里淘金、集零为整、变缺为全、化浅为深的功夫，才能从动态中把握规律性，从苗头中发现倾向性，从偶然中提示必然性，提炼出对领导决策具有参考价值的情况、观点、意见和建议。

二要敢谋。要做到敢谋，一方面，要转变观念。现实生活中，有的秘书虽然胸有大志，手中握有丰富的材料和信息，但他们在参与决策时，摆出一副很有“城府”的姿态，生怕言多必失，生怕不合领导心意，更怕讲错话，得罪领导，惹火烧身，因此少说为佳，不说为妙，看领导眼色行事，合领导口吻说话。秘书要转变思想观念，端正工作态度，坚持真理，不要瞻前顾后，做一个对事业、对工作、对领导负责任的合格的秘书。另一方面，要敢于直言。现实中，有的秘书发现领导决策存在着明显的缺陷甚至偏差，明知会给工作带来失误甚至损失，也不敢站出来讲真话，他们的原则是明哲保身，不求无功，但求无过。秘书要敢于站出来讲真话，报真情，揭真相，而且做到知无不言，言无不尽。这样，当领导决策正确时，秘书的分析论证往往会坚定领导对决策实施的信心和决心；当领导决策出现缺陷和失误时，秘书及时进言，给予查漏、拾遗、补缺，更能辅助领导纠正决策偏差，使决策更加完善，使领导更加注重民主办事，科学决策，实事求是。

三要善谋。善谋是秘书必须具备的修养和素质。要做到善谋，其一要注重自身理论修养。调查研究，观察事物，分析材料，无疑需要具备一定的理论修养。参与决策，辅助领导，同样需要具备一定的理论修养。这就要求秘书必须熟悉和掌握各种理论知识，不能一知半解，不能满足于现状只求过得去，而要不断加强学习，加深理解，从而使自己参与决策时言之有理，谏之有力。其二要注重个性修养。秘书要想使自己的观点被领导接受和采纳，就必须不断研究前人的经验，不断总结自己的实践，不断提高进言的艺术水平，逐步掌握和获得高明的进言能力。当参谋是秘书工作的一个部分，凡是工作都要讲究方式方法。进言同样要注意方式方法，注意时机场合，注意语气分量，要因人而异、因事而异、因时而异；要分别不同情况，采取不同方法，如先退后进法、以柔克刚法、引经据典法、侧面推进法、巧妙渗透法、亲切引入法、晓之厉害法等多种方法，力求言之有序，谏之得法。这是秘书工作应具有的方法策略，是秘书当好参谋的方法艺术。因为秘书采取这些方式方法的目的，并不是谋求个人私利，而是辅助领导正确决策。

四要良谋。良谋是秘书良好的道德品质、思想意识的体现。要做到良谋，其一是要做到公正公道，不谋私，不乱谋。秘书岗位是“参与政务、管理事务”的特殊岗位，又是领导机关和各职能部门的中介、决策层与执行层的中介。秘书接触领导的机会相对较多，进言纳谏的机会较多，与领导的关系较为密切，感情也容易融洽。因此，秘书的言谈和行为，能影响领导的思维和情绪，在进言时，往往能影响领导的决策。可以说，领导决策的成功离不开秘书的功劳，失误受损也离不开秘书的过错。这就要求秘书在参与决策、直言进谏时，必须深思熟虑，而不能信口开河；必须为大多数人谋利益，而不能为少数人谋利益；必须谋公，而不能谋私。在现实生活中，确有个别秘书利用特殊身份和特殊情况，从个人私利、小圈子、少数人的利益出发，在领导面前讲片面话，讲假话，有意造成领导决策的失误，给工作带来重大损失，这是极不应该的。其二是要做到能科学地指导实践。秘书既是领导的贤内助，又是领导的智囊手，平时要经常倾听基层呼声，做到理论与实践相结合。在领导进行具体工作决策时，要立足实情，权衡利弊，讲究出谋献策的科学合理性、指导工作的实用性，使领导的工作思路既符合实情，又贴近实践，富有创造性，起到事半功倍的效果。

秘书必须正确对待自己肩负的历史使命和工作职责，要不断学习、实践、总结，更新观念，提高参谋水平，把自己锻炼成为无愧于时代的、合格的秘书。

资料来源：曹国选. 新时期秘书之谋［J］. 办公室业务，1999（6）：16－17.

三、决策中的秘书活动

决策中的秘书活动具体包括以下四个方面。

（一）准备决策阶段的秘书活动

在决策的准备阶段，秘书应围绕着发现问题、确定目标和拟制方案等步骤，做好以下辅助工作。

1. 提供决策课题

一般说来，选定决策课题是领导的事情。但是，对于程序性决策和战术性决策，领导需要秘书发挥参谋作用，为其提供有价值的决策课题。

2. 收集决策依据

信息是决策的科学依据。决策前的信息工作，重点是为领导决策提供各种依据，如事实依据、理论依据、法律依据、政策依据和经验依据等。

3. 拟订备选方案

一般来说，重大的决策，如战略性决策和非程序性决策，其方案的制定应委托决策研究机构。但常规性决策和战术性决策，其方案的拟订常常由秘书承担。即使是由决策研究机构设计的方案，也需要秘书先审核。

（二）制定决策阶段的秘书活动

在决策的制定阶段，秘书应围绕着分析评估、方案选优等步骤，做好以下辅助工作。

1. 征询群众意见

为了实现决策的民主化和科学化，在拟制方案之后，秘书应根据领导的授意或授权，通过各种方式和渠道，广泛征询下级组织特别是人民群众的意见，听取他们对决策的批评和建议，以便修正、补充和丰富决策方案。

2. 组织专家论证

决策的民主化和科学化，要求领导不仅要尊重下级、尊重群众，而且要尊重知识、尊重人才。组织有各种专长的专家学者，对备选方案进行评估、论证和可行性研究。同时，专家学者通常具有丰富的专业知识和实践经验，能够从多个角度对问题进行分析和评估，提供有针对性的建议和意见。秘书应协助领导拟订专家论证计划，组织专家论证会议。

3. 承办决策会议

决策会议是集体决策的重要形式，也是决策科学化的重要保证。它既可以集思广益，充分发挥领导集团的智慧，又可以避免决策中的主观主义、独断专行，充分实现决策的理性化。秘书应根据领导意图，认真筹备和组织决策会议。

（三）审批决策阶段的秘书活动

在决策的审批阶段，秘书应根据决策会议的决定和上级机关的批示，做好以下辅助工作。

1. 撰写决策报告

凡属重大决策，不仅需要本级机关做出集体决定，而且需要报请上级领导机关或同级机关批准，以取得效力。因此，在方案选择之后，秘书应辅助领导撰写决策报告，并及时呈报审批机关。

2. 编制实施计划

决策实施计划，是根据已获批准的决策报告，对未来行动进行预想性的部署与安排，为实现决策目标提供行动依据和准绳。编制决策实施计划的目的，在于保证决策的顺利执行，最终获得成功。秘书要认真研究上级指示，广泛听取多方意见，编制好决策实施计划。

3. 落实行动措施

决策实践表明，有些决策之所以不能贯彻，或贯彻不力，或出现失误乃至失败，往往与决策措施不力或不落实有关。因此，秘书应主动辅助领导做好决策执行前各项措施的落实工作，做到组织、财物、制度三落实。

（四）执行决策阶段的秘书活动

在决策的执行阶段，秘书应围绕试验证实和全面实施等步骤，做好以下辅助工作。

1. 协助决策试验

在决策全面实施之前，一般要经过局部试验，以验证其方案运行的可靠性，从中取得直接经验，以便在“面”上普遍实施。这就是通常所说的“试点”。秘书应及时辅助领导选择试验点，并组织好决策试验工作。

2. 提供反馈信息

围绕决策实施，秘书应着力收集、加工和提供反馈信息，如决策执行中的典型经验，决策执行中的新情况、新问题和新特点，决策执行中的偏差及其原因等。

3. 总结决策经验

总结决策经验是秘书在决策过程中的最后一项辅助活动。它是通过对决策全过程的系统回顾与分析，对以往决策的重新认识和全面评价。这对于提高领导的决策能力和管理水平以及秘书的参谋艺术，都具有重要的指导意义。

第二节 督促检查

案例导入

最近，海潮公司出台了一个新政策。这天，总经理交给秘书张洁一项任务，他让张洁和几个部门经理分别到全国各地的各地方公司督查，看看各分公司是否真正领会了新政策的含义，是否在采取措施执行新政策，还要了解一下各分公司对新政策的看法。张洁被派往海南分公司，张洁一来到海南，就开始了全面督查工作。张洁觉得自己是总经理的秘书，又是总经理派下来做督查的，就处处以“钦差大臣”自居，对分公司的各项工作都指手画脚，而不听分公司员工的想法和意见，一味地采取“高压”政策。分公司的经理实在忍受不了张洁的做法，就向总经理反映情况。总经理让张洁马上回去，对她进行了严厉的批评。

讨论：张洁的督促检查工作成功吗？她的问题主要出在哪里？如果你是张洁，你应该怎么做？

一、秘书督促检查工作的性质

督促检查是管理工作中的一项重要内容，也是秘书工作的一项重要内容。所谓督促检查，就是按领导指示或者在领导的授权、授意之下，对布置的工作和所应办理的事项进行检查、催办或督办。

秘书的督查工作同其他督查工作相比，既不同于一般职能机构的业务督查，也不同于监督部门的专门督查，更不同于领导者的领导督查。准确地说，秘书的督查，就是领导者授权或授意下的一种辅助督查。因此，秘书忽视其督查工作的辅助性，甚至以“钦差大臣”自居，是与秘书活动的性质相悖的，在实际工作中也是有害的。

二、秘书督促检查的范围和方法

（一）秘书督促检查的范围

随着社会经济的发展变化、工作职能的转变，督促检查工作的内容和范围越来越广泛。秘书协助督促检查的内容主要有以下几个方面：上级机关和本级机关重大决策的实施情况；上级机关和本级机关重要部署的落实情况；上级领导同志和本级领导批示、交办事项的办理情况；上级和本级重要提案议案的办理情况；群众反映和要求解决的重大问题的办理情况；领导临时交办事项的办理情况；秘书部门在日常工作中发现的、经领导批准需要督查的事项等。

（二）秘书督促检查的方法

1. 规模督查法

所谓规模督查法，就是根据某项重大决策的要求，由领导统率和督查机构牵头，并集中较多人员对下级组织进行普遍督查的方法。采用规模督查，必须具备以下条件：督查内容为重大决策，具有全局性和长远性；督查主体为领导者，具有较高权威性；督查计划明确、具体、可行，具有可操作性。由于规模督查涉及的范围广，难度大，其使用的频率不宜过高，而且要防止形式主义。

2. 典型督查法

所谓典型督查法，就是督查机构根据自己的判断，有意识地选择若干个有代表性的单位进行督查的方法。运用典型督查法，必须根据督查要求选择典型单位，即选择那些能代表全面情况的单位。其中，既可以选择先进的典型，又可以选择后进的典型，也可以选择中间状态的典型。

3. 专项督查法

所谓专项督查法，就是对领导某一批示、交办事项专门进行督查的方法。采用专项督查，必须分清轻重缓急，要事先办，急事先办，限时办结。由于督查的内容和要求不同，专项督查又分为自办、协办和转办。无论采用哪种形式，都要依靠职能部门和下级组织，不可包揽一切。

督查的方式、方法较多，秘书应根据领导的意图，针对督查的不同对象、不同的事项和内容，灵活采用督查方法，以达到督查目的。

三、秘书督促检查的要领

（一）抓住领导工作的重点、难点和热点

在督查工作中，秘书要抓住领导工作的重点、难点和热点进行督查，这些都是领导推进全局工作的关键。这些关键性工作的顺利推进，对全局工作的展开具有极大的带动作用。这就要求秘书具备较强的观察能力、分析和分辨能力，以便

围绕领导工作的重点、难点和热点，实施有效督查，为领导工作做好服务。

（二）正确理解和贯彻领导意图

秘书督促检查是为了实现领导意图，必须在督促检查前就学习好有关方针、政策、法规，正确理解领导决策的主旨、目的、有关要求和标准，准确把握尺度。这样才能在督促检查中把握分寸，掌握政策界限，不走过场，不谨小慎微，也不自作主张越权办事。

（三）及时反馈信息

领导虽是督促检查的主持者，但因其他工作要务的需要，有时也会暂时离开或授权秘书督查。秘书应将督促检查中遇到的重要情况及时反馈给领导，保持密切沟通，以便领导准确把握情况，进行具体的指导。没有领导的主持和正确及时的指导，秘书是无法有效地开展督促检查工作的。

（四）坚持原则，规范督查

督促检查实践中往往会遇到极为复杂的情况：有人会以种种借口拒不执行组织的决定，有人会用种种假象掩盖拖拉推诿的目的，还有人会利用各种关系干扰督促检查的进程。秘书必须协助领导坚持原则，严格按程序和规范检查、督促，作风扎实，注重实效。决不能降低标准，更不能掩盖真相。若不能坚持原则、求真务实，督促检查就会变为毫无意义、费时费事、浪费资源的形式主义。

（五）明确目的，注重效率

秘书不仅要检查执行者的工作效率，督促其提高工作效率，而且自身在督促检查中也要高效运作。检查要全面、深入、快捷；督促要明确、具体、讲时效；反馈要准确、及时、迅速。只有讲究效率才能充分发挥督促检查的作用。

（六）协调配合，科学有序

督促检查要克服执行中的失调和无序现象，其主要任务不是改变既定的决策计划和工作安排，而是按正确的决定协调配合、有序执行。因此，秘书在督促检查工作中必须注重促进各相关方面按整体部署形成共识、协调配合，维护组织整体有序运转。

督查要有一套科学可行的工作程序，做到有章可循、有章必循。督查工作程序主要是指在办理决策督查和专项查办过程中的操作方式，一般要经过拟办送审、立项登记、下达通知、催办检查、审核报告、立卷归档等环节。

阅读资料

督查前你做好准备了吗?

秘书如何做好督查工作，笔者认为督查前期准备工作主要包括以下五个方面。

1. 吃透有关精神，梳理督查内容

无论是重要文件、重要会议精神贯彻落实情况的督查，还是领导交办的其他重要督查任务，都必须梳理清楚督查内容。秘书要认真学习有关文件、会议精神，有关政策规定和法律知识。在吃透精神的前提下，确定督查内容，并使之条目化、明晰化。

2. 立足真督实查，研究方法流程

督查内容确定后，就要立足现实，摸清真实情况，认真研究督查方法和督查流程。督查的方式方法有很多种，是实地督查，还是电话调度、文件催办、会议督办；是一般性的督促检查，还是搞一次深层次的督查调研；是督查室独自督查，还是联合有关部门一起督查；是明查还是暗访，需不需要召开汇报会、座谈会，需要查哪几个方面的现场等。每次督查活动，都要对这些方式方法进行确定。

3. 设计工作底稿，编制表格和问卷

从某种程度上讲，督查报告能否做到有情况、有数据、有比较、有分析，很大程度上取决于工作底稿、辅助表格和督查问卷设计质量的高低。设计好工作底稿、编制好辅助表格和督查问卷能够起到两个方面的作用：一是确保督查内容全面。督查中重点看什么、重点听什么、重点查什么，工作底稿、辅助表格问卷上都明确地列出来，对每项内容，各个督查组都要问明白，查清楚，确保各组督查内容全面一致，从根本上解决各小组督查报告上内容缺漏的问题。二是确保认定标准统一。比如，怎么认定被督查单位按要求召开了会议、出台了文件呢？只有按照工作底稿、辅助表格上的要求，能够提供出会议召开时间，能够拿出会议纪要、媒体报道材料，能够提供文件编号、有关证明材料的，才能认定会议传达了，文件出台了，动员部署了。

4. 下发督查通知，明确具体要求

督查通知包含督查对象、督查内容、督查时间、督查人员、督查方法、督查要求六个要素。对前五个要素，一般都能够通知清楚，但对最后一个要素——督查要求，往往会出现缺项漏项。督查要求一般包括以下四个方面的内容：一是具体事宜。根据督查内容、督查方法和流程安排，梳理有哪些事项需在通知中进行明确，哪些事项需在通知中予以提醒，特别是容易忽视或容易搞错的问题。二是迎查事项。比如，要求被督查单位提前准备好有关会议记录（纪要）、领导讲话及制定出台的有关文件办法细则等资料，要求各督查点提前准备好有关报表、账簿、图纸等。三是督查纪律。在督查通知上要提出明确的督查纪律。四是联系方式。要把整个督查活动联系人和每个小组联系人的姓名、电话、传真、邮箱等在督查通知上写清楚，以方便被督查单位和督查组联系。

5. 召开动员会议，统筹安排

在督查出发前一两天，召开秘书人员全体会议。一是统一思想认识，说明开展督查活动的背景依据，阐明督查活动的作用意义。二是诠释方法流程，说明实地督查时先干什么、后干什么，汇报会怎么开、座谈会怎么开，到督查点查哪几个方面的问题，解释工作底稿怎么填，有关表格、督查问卷怎么用等。三是强调注意事项，强调每个督查环节应该注意的问题，确保在督查过程中不出纰漏和失误。进一步强调督查纪律，要求每个督查人员都要严格执行。四是明确材料要求。统一各督查小组撰写督查报告的格式架构，明确各小组督查报告必须体现的内容（特别重要数据），并要求各督查小组尽快形成督查报告，报送牵头或主管部门进行综合汇总。

资料来源：张荣堂．怎样做好督查前期准备［J］．秘书工作，2015（10）：49－50.

第三节　协调关系

案例导入

某公司办公室秘书小夏，接到王总经理的一份材料写作的紧急任务，正急匆匆地往自己办公室走，在走廊被分管市场拓展工作的李副总经理叫了过去。李副总经理要小夏赶紧为他找全有关市场经济运行机制的重要资料。小夏此刻一心只想着完成王总布置的任务，李副总经理见他有些走神，又重说了一遍。小夏听后，觉得有如下方法，可作选择。

（1）以王总经理布置的紧急任务为由，推托了事。

（2）接受李副总经理交办事项，按受理任务先后顺序完成。

（3）接受任务后回到办公室，向办公室主任汇报，与其他秘书协商，由他人完成李副总经理交办的事项。

讨论：如果你是秘书小夏，你应该怎么办？

一、秘书协调关系的含义和作用

（一）秘书协调关系的含义

秘书协调关系，是指秘书人员在其职责范围内，或在领导的授权下，调整和改善组织之间、工作之间、人与人之间的关系，促使各项活动趋向同步化与和谐化，以实现共同目标的过程。

（二）秘书协调关系的作用

秘书处于组织运转的信息枢纽位置，能够敏锐地发现组织出现的失调现象，秘书协调关系具有如下作用：

（1）对一般性的、浅层次的失调，秘书进行协调便于把问题化解在萌芽状态，避免酿成更为严重的失调。

（2）对突发性的、重大的失调，秘书进行协调有利于控制事态，缓解冲突，为领导解决问题做好准备。

（3）对严重的、深层次的失调，秘书及时调查失调的状态、性质、变化态势、影响及失调的原因，并提出有关协调方案的建议，对领导采取协调举措具有重要的参考作用。

二、秘书协调关系的范围和程序

（一）秘书协调关系的范围

1. 内部协调

内部协调就是对同一组织机构中部门与部门之间各种关系的协调。内部协调属于平行协调，是秘书协调关系的重点之一，在各类协调中所占比例最大，而且也容易见效。

2. 外部协调

外部协调就是对同级组织或不相隶属组织之间各种关系的协调。随着竞争的日益加剧，外部协调在秘书协调中日益增多，而且日趋重要。由于这类协调具有较强的开放性和动态性，秘书应通过有效的信息交流和公关艺术，去处理本组织与兄弟组织之间的矛盾，以建立相互信赖的合作关系。

3. 上下级协调

上下级协调，就是对同一组织系统中不同层级之间各种关系的协调，分为上行协调和下行协调。其中，以下行协调较多，而且难度较小。在这类协调中，秘书应按照组织之间的隶属关系，正确地对待上下级关系，谨慎处理各种矛盾。

（二）秘书协调关系的程序

秘书协调可以通过政策、计划、公文、会议等方式进行，但无论采用何种方式，都必须依照一定的程序进行。根据秘书协调关系的性质，协调工作有以下主要步骤。

1. 受托

秘书的受托行为一般来自上级机关或领导的指示、本级机关或领导的交办、同级机关或不相隶属机关的要求和下级机关的请求。

受托是协调工作的起点，也是秘书协调的依据。秘书对于来自任何一方的委托，都要认真加以登记。其内容包括委托者、受托日期、受托内容、受托要求、处理结果等。

2. 审理

审理就是对受托事项进行审议。审理是协调工作的重要步骤，其目的在于限制协调范围，控制协调数量，以防止“协调升级”和“协调扩大化”。

3. 核查

核查就是对已受理的协调事项进行调查、核实和研究，以便统一认识和行动。在核查阶段，秘书的主要任务是收集协调对象的背景材料；查阅有关的政策规定；进行必要的实地调查；听取主管部门的意见和要求。在此基础上，拟订协调计划。

4. 协商

协商就是同协调各方见面，将处理问题的方案告知协调各方，并通过共同商量以取得一致的意见。协商的方式有：个别协商与集体协商、当面协商与私下协商、正式协商与非正式协商、直接协商与间接协商等。不论选择哪种协商方式，都要以促进协调的成功为准则。

协商是协调工作的关键步骤，也是秘书协调工作的重要原则。秘书应以平等、谦和的态度，善于同协调各方商量问题，达成共识，解决矛盾。

5. 处理

处理就是在充分协商的基础上，对协调各方一致接受的处理意见做出决定并付诸实施。从本质上讲，协调就是取得共识，协调就是解决矛盾。

协调工作的结果如何，又是对整个协调活动的检验与评价。为了使处理决定变成现实，防止意外情况的发生，秘书应采用会议纪要或协议书等书面形式，记录协调的经过与处理意见，供协调各方共同执行，同时也便于秘书机构日后的督查、立卷和归档。

三、秘书协调关系的要领

（一）注重与组织目标的一致性

协调违背组织目标，对组织发展是不利的。秘书必须在遵从组织原则、有利于实现组织目标的前提下，确定协调的出发点和结果。

（二）注重对变化的适应性

组织运转中出现的失调现象，不少是由组织内外环境条件变化引发的。若秘书不善于在协调中适应这种变化，就很难取得良好的效果。秘书必须将失调现象与环境条件的变化结合起来分析研究，因势利导，善于变通，坚持原则性与灵活性相结合，才能有效协调矛盾。

（三）注重非权力支配性

秘书协调与拥有权力的领导协调不同，不能用（也不具有）强制的支配性的权力，不能采取命令、指示的方式，只能明之以事、晓之以理，谋求认同进行协调。

（四）注重非职责限定性

秘书协调很难用确定的岗位职责限定其范围和标准，只能按具体领导工作的需要和失调现象出现的概率，以及秘书自身发现和处理问题的协调能力进行处理。对秘书而言，工作责任感强，协调能力高，其协调范围就大。

（五）注重沟通疏导性

秘书协调的优势在于其信息灵通，沟通便利，能够将新的情况、发展趋势、变化要求等及时提供给有关方面，促进其认清形势，把握动态，跟上发展的步伐，从而与组织运转保持协调一致。

（六）注重量力适度性

秘书协调能够化解部分失调问题，但无法解决所有失调问题。对管理中出现的深层次的严重失调问题，秘书只能为领导提供信息、调查研究、出谋献策及提供事务服务等，充当参谋与助手。本来是秘书无力协调的问题而自不量力、超越限度去进行协调，很可能产生负面影响，使问题越来越严重，甚至引发新的问题。

阅读资料

秘书怎样提高自己的“协调”艺术

作为秘书，要高度重视协调工作，认真研究协调艺术，掌握协调的规律和方法，真正成为领导放心、机关信赖的“协调通”。

一、大事要“硬”协调

大事是对全局起决定作用的中心工作，是主要矛盾在单位建设中的表现和反映。为此，在进行协调时，秘书要力争做到以下三点：首先，要认真贯彻落实上级的“硬杠杠”。在大事的协调处理上，上级的路线、方针和政策都有明确的内容、标准和要求，这是协调时不可逾越的红线。秘书只有做到烂熟于心，才能在协调时认真执行这些硬性规定，准确无误地落实好上级的相关指示。其次，要发扬不屈不挠的“硬骨头”精神。紧紧依靠规章制度办事，但也并不意味着所有的问题都会迎刃而解。在协调工作中，秘书经常会遇到一些意想不到的情况。此时，秘书一定要坚定立场，维护规章制度的权威性，切不可屈从于人为压力变成“软骨头”。最后，要保持敢想敢干的“硬脾气”。在大事的协调过程中，秘书不仅要善于发现机构设置、职责分工等诸方面的弊端，而且要敢于向上级领导提出合理化建议，改革不合理的机构，修订不完善的政策规定，堵塞不该有的漏洞。总之，秘书要从维护全局利益出发，抓好大事的“硬”协调工作，以实现单位工作的高效、一致、和谐。

二、急事要“热”协调

急事的最大特征就是突发性和时效性强，要求处置果断、快速、准确、稳妥，符合客观实际和上级意图。秘书在协调这类事情时，首先，要把握好“火候”。秘书代表的是上级领导，在协调一些突发性事件时，不能越俎代庖，轻易干预下级单位工作的独立自主权。要督促他们及时上报事态发展的趋势，综合方方面面的情况，实时向上级领导进行请示报告，确定自己介入的最佳时机。其次，要善于趁热打铁。一旦开始协调，秘书就要积极联系相关单位和个人，统一被协调各方的思想。当各方都表现出服从协调的热情和意向时，要紧紧抓住有利时机，趁热打铁，紧锣密鼓，协调一致地完成任务。同时，要及时吸取协调中的经验做法，形成相关的工作预案。最后，要随时保持与领导的热线联系。领导总揽全局，说话有深度、有力度，对协调工作的开展会起到很大的作用。所以，秘书要及时向上级领导汇报事件的进展情况，认真听取他们的指示意见，寻求他们在各方面的支持。总之，秘书用“热加工”的方法处理突发性事件时，要因人、因事、因时而异，快速准确地达到协调目的。

三、难事要“软”协调

在协调关系的过程中，下级单位的不配合是件让人头痛的事情。遇到这种情况，秘书要从全局利益出发，采取正确的协调方法。首先，要维护团结，进行软包装。秘书要利用各种场合，维护下级单位和相关人员的形象，减小影响的范围，防止事态进一步扩大。同时，要在领导面前为其进行相应的“包装”，以免丧失下一步协调的主动性。其次，要放下架子，进行软沟通。出现这些难事，可能是秘书在协调时没有掌握好分寸，有指手画脚的现象，造成协调对象不买自己的账，并以“这不是我们的职责范围”等理由来进行搪塞。此时，秘书要从尊重对方的角度出发，放下架子，加强沟通，争取得到对方的谅解和支持，共同把事情做好。最后，要冷静应对，进行软处理。在协调过程中，个别单位和个人可能有阳奉阴违、出工不出力的现象。对这种情况，秘书要适当拖一拖、放一放，酝酿一段时间再进行处理，切不可因小事误了大局。总之，当不配合的难事发生时，秘书一定要从减轻事态的影响出发，“软硬兼施”地协调好各方面的关系，为全局工作的顺利进行创造充足的条件。

四、小事要“暗”协调

工作中有些事情虽小，但协调处理不好也会牵动大局、影响大局。对于这些比较琐碎、不宜公开协调的事情，秘书人员应采取“暗”协调的方式进行处理。首先，要穿针引线，暗中化解。同事之间因合作关系发生摩擦是很正常的事情，而且当事人都不想把事情闹僵，影响自己的成长和进步。在进行协调时，秘书要当好“地下交通员”，暗中进行积极的说和，疏通存在的隔阂，促使双方握手言和。其次，要设身处地，暗中帮助。秘书协调时，要注意在思想上积极引导，在物质上提供力所能及的帮助。必要时，可联系相关单位和个人，共同解决他们的问题，消除单位潜在的隐患。最后，要遵循原则，暗中通融。秘书身份特殊，经常会有一些基层单位的同志请求给予关照。对待这些问题，秘书不宜直言拒绝，而是在原则允许、不损害他人利益的范围内，积极主动地出主意、想办法，最大限度地协调。总之，在现实工作中，秘书要正确运用“暗”协调的工作方法，处理好方方面面的关系。

五、特事要“冷”协调

作为秘书，工作上的特事是指领导的特意吩咐、同事的特殊情况和自己的特别遭遇。在协调处理时，一定要用“冷处理”的方法来应对。首先，要冷静应对领导的特意吩咐。这些事情，有的公私兼顾，有的纯粹是领导个人的私事；有些可以去办，有些因涉及原则问题而不能办。但作为下属，不办又不好，因而要冷静地进行处理。但违背原则的事情，秘书应委婉地提醒领导不能办，不能因为怕遭到领导的冷遇，姑息迁就，投其所好。其次，要冷静面对同事的特殊情况。工作中的热点、难点等敏感问题，可能会损害一部分同事的切身利益。当这些人来诉苦、抱怨时，秘书不能火上浇油，激化矛盾。正确的方法是要认真倾听，以静制动，待对方情绪稳定后，再耐心进行调解。最后，要冷静处理自身的特别遭遇。因自身利益的得与失，秘书受到别人的“特别关注”是很正常的。此时，秘书不能得意忘形，不能灰心丧气，要保持头脑冷静，一如既往地投入到本职工作中去。总之，秘书在运用“冷”协调时，必须学会控制自己的情绪，以宽广的胸怀，沉着稳重地处理他人和自身问题。

六、私事要“明”协调

在一个单位中，秘书有自己的私人关系是十分正常的。但秘书位置特殊，在相互交往时必须把话说在明处，把情放在明处，把事做在明处。首先，要“当面锣，对面鼓”，把话说在明处。在私人关系需要自己协调事情时，要认真细致地把单位的相关规定和自身能起到的作用讲在明处，不说官话、套话，不怕说丑话，督促其消除“近水楼台先得月”的侥幸心理，通过正常的渠道解决自身问题。其次，要把情放在明处。秘书在协调有关私人关系的事情时，要一身正气，两袖清风，严格按规章制度办事，不能顾及面子，徇私舞弊，做出有损单位利益的事。最后，要把事做在明处。在单位内协调私人关系的事情，秘书要遵循单位的规则，能回避的坚决回避。如果能直接参与的，要积极地向领导和有关部门汇报真实的情况，尽自己最大的能力协调好，绝不能欺瞒领导和组织，损害单位的形象。总之，在协调处理有关私人关系的事情时，秘书一定要以真诚、坦诚和忠诚的态度，把能协调的事情处理好，达到“心底无私天地宽”的境界。

资料来源：王怀志，李吉鹏．略论秘书的协调艺术．办公室业务．2008（4）．

第四节 保守秘密

保守秘密是秘书工作的又一项重要职能。秘书部门位于整个工作系统的中枢位置，秘书与领导有非常密切的接触，知密早，知密多，为了维护国家和本单位的利益，秘书部门及秘书人员必须牢固树立保密意识和保密观念，确保国家和本单位的秘密不外泄。

一、保守秘密的含义

所谓保守秘密，就是人们把不让外界知悉的秘密加以保守和保护，使之不外泄的行为。秘密和保密是两个既有联系又有区别的概念：秘密指的是事物，保密指的是行为；秘密是保密的对象和客体，保密是秘密的条件和保证；秘密具有隐蔽性、莫测性和时限性等特征，保密具有封闭性、排他性、利益性和相对性等特征。

保守秘密，特别是保守国家秘密和单位工作秘密，是秘书人员的一项重要纪律，又是秘书活动的一条重要原则。在当今社会竞争激烈的形势下，为了国家和社会的安定团结，秘书人员要增强保密意识，做好保密工作。

二、保密工作的特点

保密工作具有以下特点。

（一）封闭性

保密工作的封闭性，是由秘密的本质属性决定的。任何类型的秘密，如果不人为地加以保守和保护，就会泄露出去，或者被外人窃取。所以，保密工作说到底就是对自己的秘密采取各种防范措施，不使之外泄。保密实践表明，在保密范围和保密期限内，秘密被封闭得越严密，保密工作就越有成效。

（二）相对性

保密工作的相对性，是指保密有一定的范围和一定的时间。其具体表现是：任何保密都有时间性，此一时保守的秘密事项，彼一时就可能成为公开的信息；任何保密都有空间性，再绝密的事项，也有一定的知密范围，哪怕是一两个人；密与非密没有固定不变的界限，超过了一定的界限，保密也就失去了价值。

（三）排他性

保密工作的排他性，就是对于不该知密的外部人员，坚决予以抵御与排斥。党和国家设置的保密机关，立法和行政机关发布的保密法规，以及对失密、泄密事件所采取的法律和行政措施等，就是保密的排他性在实际工作中的体现。

（四）利益性

从根本意义上说，保密就是为了保护某种利益，使之不受或少受损害。保密对于国家来说，是维护国家的安全和利益；保密对于单位来说，是维护单位的安全和利益。如果保密与利益无关，保密也就失去了意义。可以说，维护某种利益是保密的基本出发点，也是保密的根本目的之所在。正因为如此，保密才受到世界各国和各个行业的普遍重视。

（五）群众性

《中华人民共和国宪法》第五十三条规定，公民必须保守国家秘密。《中华人民共和国保守国家秘密法》（以下简称《保密法》）第五条规定：一切国家机关和武装力量、各政党和各人民团体、企业事业单位和其他社会组织以及公民都有保密的义务。这是因为，与广大人民利益密切相关的国家秘密广泛存在于各行各业之中，只有动员人民群众加入保密工作的行列中，才能最大限度地保守秘密。

阅读资料

企业秘书之保密工作

秘书的身份、地位和工作条件，使秘书能够接触大量的秘密，这就要求企业的秘书时刻保持高度的警惕性，保护企业的商业秘密，更需要严格执行保密制度。在领导身边的秘书人员，在撰写和处理各种文件时，必然会涉及企业的秘密事项，增强保密意识，提高保密的自觉性，显得尤为重要。

一、企业秘书保密工作的意义

（一）秘书保密工作关系到企业商业机密的安全

企业的商业机密往往关乎企业的发展与未来。一些企业和个人会不择手段地从单位收集关于人事、薪酬及营销等情报。秘书在日常工作中会经常看到、听到甚至是直接参与处理此类秘密，因此，秘书往往是一些别有用心的人重点关注的对象。秘书一定要时刻保持秘书应有的警惕意识。

（二）秘书保密工作与企业的发展密切相关

商业领域最大的秘密就是科技发明创造、生产信息发明创造及重要信息，这是企业争夺的焦点。因此，企业需要制定措施，落实制度，保证商业秘密的安全。当一个企业能够很好地保护自己的商业秘密的时候，就已经形成了一项优势。秘书的保密工作关乎企业的发展。

（三）秘书保密工作关系到领导的工作

保密工作与领导工作密不可分。秘书人员在领导的身边和中枢机关工作，经常会接触到各种秘密。秘书工作的这种机密性质，要求秘书人员必须严守秘密，并认真做好秘书工作的保密工作。如果秘书机构发生失密、泄密事故或者窃密事件，就会直接影响到领导的工作，甚至使整个公司受损。

二、企业秘书的保密内容

（一）文件保密

文件是公务文书的主体部分，也是公司秘密存在的主要形式。做好秘密文件的保密工作，是秘书机构保密工作的重要内容之一。

一是必须有严格的保密制度。在秘密文件的撰写、发放、保管过程中，需对所在的场地、所使用的电脑、手稿等加以防护；二是文件内部传递时要做好登记，对外传递时提前做好封印工作，签收时要确认文件密封完好，无拆封痕迹；三是要严格管理秘密文件的接收、发送、传阅和借阅过程，文件的存放、清理、销毁和归档工作要遵守严格的保密制度。

（二）会议保密

会前需落实保密措施，制定保密纪律，进行保密教育和限定与会人员；会议中要严格执行签到形式，核实与会人员真实有效的身份，禁止无关人员入会和严格管理会议文件；会后应及时清理会议文件，明确传达范围和统一宣传口径等。有利用价值的会议文件要认真保存起来，没有利用价值的文件要及时销毁。

（三）通信保密

秘书人员工作中需大量使用电话、电报、电传、电邮等各种通信设备，如果不及时采取必要的保密措施，就容易失密、泄密，对公司造成不良影响。秘书在传输秘密信息时，必须使用有保密措施的通信设备，禁止使用无保密措施的通信设备召开涉及企业秘密的电话会议。

（四）涉外保密

在国际交往日益频繁的形势下，为了做好涉外方面的保密工作，秘书必须熟悉和遵守相应的保密原则。涉外活动中，既要友好热情以礼相待，又要提高警惕，防范可能发生的情报收集活动。凡有涉外接待活动的单位，均应从实际出发，划清密与非密、核心秘密与非核心秘密的界限，做好保密工作，维护好企业的利益。参加外事活动的人员和出国的人员，不得携带秘密文件。

（五）计算机保密

随着办公室自动化的推进，计算机已经广泛应用到了秘书的日常工作中。秘书在日常的工作活动中应当注意：秘书的计算机应该独自使用，别人不得使用，凡是涉及重要机密的计算机，一律不得上网；邮箱密码的设置要绝对保密；携带便携式计算机外出时，一定要做到人机不分离；计算机房应当设置来人登记制度；秘密数据安全要加强管理。

三、企业秘书保密工作的管理

（一）加强保密教育和机构队伍的建设

保密教育主要是使保密工作制度化、经常化。要重点抓对保密等相关法律法规的学习和督查、落实，警钟长鸣。本单位职工，特别是秘书人员和涉密部门要居安思危，提高对保密工作的认识，不断增强保密意识，进一步细化健全保密机构，加强队伍建设。

（二）建立和完善保密制度

目前，我国没有在商业秘密方面制定较为详尽的法律条款。保护企业的商业秘密和技术秘密要建立一套完善的保密体系。企业应根据保密法律、法规和政策，结合企业各自的实际制定保守秘密的各项基本规定和具体办法、措施。

总之，保密工作是一项综合性很强的工作，秘书的工作多而繁杂，如何做好保密工作是秘书工作的核心内容。秘书的工作直接关乎企业的发展和未来。秘书必须把保密工作放在极其重要的位置，不能有丝毫大意。

资料来源：文正秘书事务所．企业秘书之保密工作．微信公众号文正秘书事务所，2022-08-18.

三、保密工作的方针与国家秘密、工作秘密

（一）保密工作的方针

1. 积极防范

保密工作本身是一种防范性工作，这是由保密工作封闭性的特点所决定的。保密工作要把立足点放在预防上，以防为主，防患于未然。要积极地防范，把防范工作做在前面，最大限度地减少并争取杜绝泄密、窃密事件的发生。不能简单地把保密工作局限在追查泄密、窃密事件上。

2. 突出重点

突出重点是指在保密工作中，要在密级、人员等方面，区别情况，确保重点，带动一般。保密工作的重点是：从秘密的层次来说，国家秘密和工作秘密是重点；从秘密的密级来说，机密级以上是重点；从秘密的分布来说，国家秘密相对集中的重要单位和部门是重点；从涉密的人员来说，接触国家秘密和工作秘密

较多的各级领导和经管国家秘密事项的专职人员是重点；就秘书部门而言，所经办的机密级以上文电、重要的会议和活动、重大的经济情报、关键的技术指标等，都是保密的重点。

3. 既确保秘密，又便利各项工作

既确保秘密，又便利各项工作，是指在保密工作中，要正确处理保密与各项工作的关系。保密工作要结合各项业务工作进行，各项业务工作又必须严守国家秘密和工作秘密，使二者相互兼顾，融为一体。

（二）国家秘密

1. 国家秘密的定义

《保密法》对国家秘密的定义作了明确的规定：国家秘密是关系国家安全和利益，依照法定程序确定，在一定时间内只限一定范围的人员知悉的事项。

2. 国家秘密的范围

《保密法》对国家秘密的范围作了规定：国家事务重大决策中的秘密事项；国防建设和武装力量活动中的秘密事项；外交和外事活动中的秘密事项以及对外承担保密义务的秘密事项；国民经济和社会发展中的秘密事项；科学技术中的秘密事项；维护国家安全活动和追查刑事犯罪中的秘密事项；经国家保密行政管理部门确定的其他秘密事项。

3. 国家秘密的密级

密级的划分，是依据国家秘密泄露后，对国家的安全和利益损害的程度来划分的。《保密法》将国家秘密的密级分为绝密、机密、秘密三级。绝密级国家秘密是最重要的国家秘密，泄露会使国家安全和利益遭受特别严重的损害；机密级国家秘密是重要的国家秘密，泄露会使国家安全和利益遭受严重的损害；秘密级国家秘密是一般的国家秘密，泄露会使国家安全和利益遭受损害。

（三）工作秘密

工作秘密和内部敏感信息被泄露，不但危及国家安全和利益，还会给单位工作开展带来被动。

1. 工作秘密的定义

工作秘密是指机关、单位在履行职能过程中产生或者获取的，不属于国家秘密，但泄露后会妨碍机关、单位履行职能或者对国家安全、公共利益造成不利影响的内部敏感事项。工作秘密管理应当坚持规范确定、严格管理、综合防范、便利工作的原则。

2. 工作秘密的范围

工作秘密包括：一是有关工作内部方案、讨论记录、过程稿、征求意见和磋商情况、调查研究和分析研判、请示报告等；二是纪检监察、法院、检察院、公安、国家安全、审计等机关调查手段和方式、案卷、研究审理、线索和举报人情况等；三是履行职能中获取的商业秘密、个人隐私以及重要的汇总数据，当事人同意公开的除外；四是公开后可能危及国家安全、公共安全、经济安全、社会稳定的事项；五是党内法规、法律、行政法规、规章和国家有关规定明确要求控制使用、不宜公开的其他事项。

3. 工作秘密的标志

机关、单位应当在相应载体的明显部位作出标志，可以采用“内部”“内部事项 注意保管”等。无法作出或者不宜作出工作秘密标志的，确定该工作秘密的机关、单位应当书面通知知悉范围内的机关、单位或者人员。

四、秘书工作中的信息安全保障措施

企业秘书要做好组织中特定信息如人事信息、财务信息、产品信息、客户信息等信息的保密工作。这些信息都属于单位的工作秘密，做好这些特殊类型信息的保密工作是极为重要的，如果不注意它们的安全，会给组织带来极大的影响和损失。

（一）口头信息的安全保障措施

（1）组织中所有成员上岗时即应被告知不要在组织内部或外部谈论有关单位的保密信息，包括对其他工作人员、客户、朋友或亲属。

（2）秘书使用电话时，在没有确认对方身份和是否被授权获得信息之前，不要通过电话、手机、答录机给出保密信息。

（3）秘书只能向来访者提供组织允许提供的信息，若超出范围，应向领导汇报。

（4）秘书应遵照会议的要求传达会议信息。

（二）纸面信息的安全保障措施

纸面信息包括用纸张等物质作为载体的文字、表格、图形等信息。秘书要做好纸面信息的安全保障，可采用下述措施：

（1）接收任何保密文件、资料等都要签收并登记。

（2）文件或其他纸面保密信息只发给或传阅到被授权的人员，并要签收。

（3）在传递保密文件或资料时，要放在文件夹、盒中携带，以防失密或散落丢失。

（4）所有保密的信息应归类在专用文件夹中，并清楚标明密级标志，保存在带锁的、防火的柜子里。

（5）离开办公室时，不把保密文件留在办公桌上，应锁入抽屉或柜子，并锁好门窗。

（6）用邮件专用通道发送保密信息，信封要贴封口，并标记密级标志。

（7）为了确保安全，高密级信息可以由工作人员亲自送交收件人。

（8）复印完成后应将保密原件取走，不要留在复印处，复印件按照原件进行保密管理。

（9）当传真保密信息时，需使用具有保密功能的接收设备或要求接收人等在传真机旁即时收取。

（10）不再需要的保密文档要通过具有保密资质的单位统一销毁。

（三）电子信息的安全保障措施

（1）计算机显示器应放置在具有保密要求的空间，与外界隔绝。

（2）秘书在计算机上打印保密材料时要人不离机，负责保存和传递。

（3）秘书在提交电子信息给他人之前，应与领导核实，不能给未被授权的人。

（4）每一个使用者应该有自己的识别码，密码必须保密，经常更换；秘书应该使用密码来保护计算机数据，并定期更换。

（5）计算机必须和互联网物理隔绝，定期进行查毒、杀毒。

（6）有保密信息的储存设备一定要妥善保管，尽量不外带，以防止数据存在危险。

（7）计算机应该安装警报系统，防止信息被盗。

练习与实训

你是先锋集团总裁办公室秘书，该集团属于IT行业。现行政总监请你协助他草拟一份1 000字的秘书保密工作培训讲稿，题目是：《管住自己的“嘴”和“手”》（管住“嘴”就是知密不泄密，管住“手”就是保证经手的纸面信息和电子信息的安全），请准备这份培训讲稿。

案例分析

案例1：领导的矛盾

公司两位领导王副经理与李副经理表面上关系还好。上级单位来了一个工作检查团，在谁陪同的问题上，王副经理认为两个领导中有一人陪同就行了，不必两人都去，于是让秘书去传达一下自己的看法。不料秘书在向李副经理传达王副经理意思的时候，却把话说成了：“王副经理说了，你去他就不去了。”李副经理听了，心里实在不是滋味。后来在一次会议上，这种误解潜伏下来的不快终于爆发了，弄得会议不欢而散，两个领导的矛盾一下子在公司公开化了。

问题：谈谈你对本案例的看法。

案例2：讲话稿

秘书小刘接到公司总经理的指示：草拟一份加强纪律性的讲话稿。于是小刘以总经理的一贯思路和口气，对加强纪律的重要性、必要性作了反复强调，并提出了几条处罚违纪现象的措施，语气果断、严厉。可是，总经理在全体职工大会上讲话时，仅照讲话稿讲了一半，就话锋一转，深情而温和地说：“我知道，大家也有许多实际困难，特别是公司拖欠了两个月的工资，这对大家的生活及精神压力都很大。但是，我们越困难，越要加强纪律性，强化战斗力，才能渡过难关……”接着，总经理从市场竞争需要加强纪律性、实现未来发展目标需要加强纪律性、现代化管理必须加强纪律性等方面进行阐述。讲话结束，赢得了全体职工的掌声。这之后，该公司员工的劳动纪律有了明显好转。

问题：总经理为什么只照讲话稿讲了一半？秘书小刘写讲话稿时思路出了什么问题？

案例 3：得力的秘书

某公司胡秘书陪同总经理出席大型博览会。根据本公司业务运营需要和总经理的初步意向，胡秘书拟订出参与博览会活动的计划。到博览会后，胡秘书发现有几家与本公司业务密切相关的外国公司也来参会。胡秘书考虑到总经理一定要与这几家外国公司打交道，就连夜通过互联网查找这几家公司的相关资料。等到总经理需要几家外国公司的资料时，胡秘书将整理好的成套资料交给了总经理，总经理十分满意。由于资料准备详细，双方比较了解，总经理和几家外国公司很快签订了合作协议书。协议书签订后，总经理立即回公司处理其他重要事务去了。胡秘书则留下来处理后续事务，包括陪同已签合作协议书的公司代表作市场调查，考察本公司的生产基地和营销网点，以及参与博览会的其他活动。直至博览会结束，签协议书的外国公司都签订了正式合同，胡秘书才结束这一阶段工作，回公司上班。总经理在一次工作例会上称赞胡秘书是公司“得力的秘书”。

问题：案例中胡秘书工作的得力点从何而来？

案例 4：两全其美

某市素有“千湖之市”的美誉，但要想发挥千湖的生态优势和淡水养殖的产业优势，关键在于科学技术。谁具有担此重任的科技实力呢？该市政府办公厅秘书在综合信息中发现，本市的国家重点高校滨湖大学的生物专业、水产养殖专业，要求政府联系校外实践科研基地，以满足这些专业博士、硕士及学士教学实践与科研的需要。如果能将千湖的科技开发与滨湖大学的教学科研需要结合起来，岂不是两全其美？于是，办公厅组织专门班子作了调查研究，并写出了调查报告，分呈市政府、省政府及滨湖大学。调查报告立即引起各方面的高度重视。省、市、滨湖大学及其他相关部门专门召开了几次联席会议进行研究，最后形成了产、学、研一体化运作体制，使该市“千湖”的开发走上了依靠高科技推动的道路。

问题：市政府办公厅秘书是如何提出这“两全其美”的方案的？

第五章

秘书职业形象设计

教学目标

知识目标

1. 理解秘书外形塑造的原则。
2. 掌握秘书的外在仪态。
3. 了解秘书仪表修饰的主要方面。

技能目标

1. 能够理解秘书职业形象的重要性。
2. 能够正确选择秘书的服饰。
3. 能够进行正确的仪表修饰。

素质目标

1. 树立对秘书职业形象的正面认知。
2. 在实际工作中展现专业得体的秘书职业形象。

第一节　秘书外形与仪态设计

案例导入

东华公司办公室人员小沈能讲一口流利的法语，小陈则很喜欢打扮。公司明天要与法国某公司谈判，古总经理叮嘱担任翻译的小沈和作会议记录兼会议服务的小陈要好好准备。小沈和小陈除了在文本、资料等方面做了准备，还精心打扮了一番。

正式会谈这天，只见坐在古总经理一旁的小沈衣着鲜艳，金耳环、大颗宝石戒指闪闪发光，这使得古总身上的那套名牌西装也黯然失色。

古总经理与法国客商在接待室内寒暄时，小陈拿来了托盘准备茶水，她用手从茶叶筒中抓了一把茶叶放入杯中，这引起了古总经理和客商的不同反应。客商面带不悦之色，把自己的茶杯推得远远的，古总经理也觉得尴尬。谈判中讨价还价时，双方争执起来，小沈站在古总一边，指责客商，客商拂袖而去。古总望着远去的客商的背影，冲着小沈说："托你的福，好端端一笔生意，让你给毁掉了！"

小沈并不知道自己有什么过错，为自己辩解："我怎么啦？客商是你自己得罪的，与我有什么关系？"

讨论：小沈和小陈的穿着打扮、言谈举止是否正确？如果不正确，请与同学讨论有哪些地方不对，正确的做法应该是怎样的。

个人的形象设计既包括外在形式，如着装、饰品佩戴、化妆等，也包括内在修养的外在表现，如气质、举止、谈吐、生活习惯等。秘书的形象设计大体可分为两部分，一是秘书外形的塑造；二是秘书良好的外在仪态。

一、秘书外形的塑造

（一）秘书外形塑造的原则

秘书外形的塑造对于秘书来说是十分重要的。一方面，秘书形象必须整洁得体，男士没有满身烟味、邋遢的胡须，女士不穿皱巴巴的衣服，这也是对身边每一个人的尊重；另一方面，秘书的形象必须专业。专业的外形需要专业服装来打造，男士西装、女士职业套装都是帮助打造干练职业形象的最佳选择。

（二）秘书服饰的选择

服饰是个人形象的外在表现，端庄专业的服饰能够帮助穿衣者建立自信，是沉着自如、优雅得体的表现。第一印象是指同陌生人第一次见面，对方的仪表服饰、言谈举止、风度气质等给人留下的一个最初感觉印象，第一印象对于秘书的人际交往和职业发展都很重要。作为秘书，服饰的选择是塑造职业形象的重要内容。

1. 男士西装的选择

西装通常是在政府机关、企事业单位等工作的人员在较为正式场合时男士着装的首选。

（1）西装款式的选择。正式西装有套装（正装）和单件上装（简装）的区别。套装要求上下装面料、色彩一致，两件套西装再加上同色同料的背心（马甲）就成为三件套西装。

（2）西装颜色和面料的选择。在正式交际场合穿着的西装，色调应比较深，一般以深蓝色、深灰色居多；面料最好是纯羊毛面料，或者是含羊毛比例较高的混纺面料，达到悬垂、挺括、透气的效果，显得比较高档、典雅。在半正式交际场合，如在办公室参加一般性的会见，可穿色调比较浅的西装。

（3）衬衫的选择。穿西装时，需要搭配各式衬衫。在正式交际场合，衬衫的颜色最好是白色的。衬衫袖应比西装袖长出 1～2 厘米，衬衫领应高出西装领 1 厘米左右。衬衫下摆必须扎进西裤内。衬衫必须是长袖的才可以系领带，长袖衬衫系领带限于室内活动，如果外出一定要穿上外套；若不系领带，衬衫最上面的扣子不要扣上，领口应敞开。

（4）领带的选择。领带是西装的灵魂，经常更换不同的领带，能给人以耳目一新的感觉。领带在颜色上要与西装颜色、衬衫颜色保持同色系。西装、领带、衬衫的颜色要遵循由浅入深或由深入浅的原则。领带长度以到皮带扣处为宜。如穿马甲或毛衣时，领带应放在它们里面。如果使用领带夹，一般夹在衬衫上面的第四个和第五个纽扣之间。

（5）鞋袜的选择。庄重的西装要配深褐色或黑色的皮鞋。鞋的质量很重要。袜子的颜色应比西装深一些，首选黑色，质地首选纯棉的。

（6）穿西装的注意事项。穿西装的注意事项如下：

1）拆除商标。购买回来的西装一定要拆除左衣袖上的商标、纯羊毛标志以及其他标志。

2）保持西装外形的平整洁净。西装要定期干洗，穿着前熨平整。

3）慎穿毛衣。在西装上衣之内，原则上不允许穿毛衣。如果在冬季时实在寒冷难忍，也只宜穿上一件薄的“V”领的单色羊毛衫或羊绒衫。

4）正确扣好西装纽扣。

5）西装口袋的装饰作用多于实用价值，所以不能让口袋鼓鼓囊囊，以避免西装整体出现走样。

6）穿西装时，要遵循“三色原则”，即全身上下的颜色不能多于三种。鞋子、腰带、公文包，它们应该是一个颜色，一般首选黑色。

阅读资料

西装的版型

西装版型，简单来说，就是指西装的外观轮廓、工艺细节等。从版型上讲，目前世界上流行的西装有三种风格：欧版、美版、日版。欧版西装剪裁得体，强调垫肩，肩部方正，后腰得体，显出男性的肩、胸，外形轮廓为倒梯形，双排扣较多；美版西装的外形轮廓为O形，通常肩部线条柔和而倾斜，形式大气、潇洒，可不扣扣子，衣形方正无收腰、宽松舒适、便于活动；日版西装的外形轮廓为H形，且衣形更窄。

2. 女士套裙的选择

套裙是西装套裙的简称。上身为一件女式西装，下身是一条半裙。套裙会使着装者看起来精明、干练，而且还能烘托出白领丽人所独具的娇柔和妩媚。

（1）套裙的基本类型。一种是用女式西装上衣和随意一条裙子进行自由搭配组合成的“随意型”；另一种是女式西装上衣和裙子成套设计、制作而成的“标准型”。

（2）套裙的质地。在正式场合穿着的套裙，应该由高档面料缝制，上衣和裙子最好采用同一质地、同一色彩的素色面料。在造型上讲究为着装者扬长避短，所以提倡量体裁衣、做工讲究。上衣注重平整、贴身，样式简洁大方。裙子要以窄裙为主，并且裙长要到膝或者过膝。

（3）套裙的色彩。以冷色调为主，应当清新、雅致，以体现着装者的典雅、端庄和稳重。最好不选鲜亮抢眼的颜色，通常选择藏青、炭黑、茶褐、土黄、紫红等色彩。

（4）鞋袜的选择。最好选用黑色的高跟、半高跟的船式皮鞋，和套裙色彩一致的皮鞋也可以选择。避免选择色彩鲜艳、装饰繁复的鞋子，尤其不要漏脚趾。袜子选择纯色的丝袜最为合适。袜子可以选用肉色、黑色、浅灰、浅棕等几种常规颜色。要注意鞋、袜、裙之间的颜色是否协调。鞋、裙的颜色必须深于或略同于袜子的颜色。

（5）套裙穿着注意事项。套裙穿着注意事项如下：

1）要合体。上衣最短可以齐腰，裙子最长可以达到小腿中部，避免露腰露腹，上衣的袖长要盖住手腕。

2）要穿得端正。衣扣一律全部系上，不允许部分或全部解开，更不允许当着别人的面随便脱下上衣。

3）要注意场合。套裙适用于在各种正式的工作之中穿着，其他情况没必要一定穿套裙。

4）要和妆饰相协调。女士要化淡妆，不化妆或者浓妆都不适宜，妆容色彩要协调，配饰要少。

5）兼顾举止。套裙最能够体现女性气质，要求举止优雅，注意仪态。

阅读资料

服饰色彩搭配与组合的基本方法

服饰色彩搭配与组合的基本方法大体可分为三种：

（1）运用同一色系中各种明度不同的色彩进行搭配与组合。如墨绿配浅绿，深红配浅红等，同类色配合的服装显得柔和文雅。同色系中深浅程度的衔接与过渡要自然、平稳，避免生硬，明度差异不宜太大。

（2）运用相近的色彩进行搭配与组合。如红配黄、黄配绿、绿配蓝、白配灰等。运用相近的色彩配色，自由度较大，但难度也较大。着装应遵守服饰礼仪的“三色原则”，即在正式场合，所使用的服饰包括西服套装、衬衫、领带、腰带、鞋袜等在内，配色不应超过三种颜色。

（3）运用对比色进行搭配与组合。如红与蓝、黄与蓝、黄与紫、绿与紫、黑与白等。对比色由两种相互排斥的色彩组成，运用得当，可以相映生辉，给人以清新、明快、耳目一新的感觉，比如黑白搭配是永远的经典。

二、秘书的外在仪态

外在仪态是一个人外在美的组成部分，是一个人修养的外在体现。身姿形态体现精神风貌，表情动作体现气质。秘书作为组织形象的代表，要保持端庄温和、落落大方的形象。秘书的外在仪态主要包括站姿、走姿、坐姿。

（一）站姿

良好的站姿不是一日可练成的，需要多加练习。静态的站姿是人体动态造型的基础和起点。标准的站姿是：精神饱满，挺胸收腹，腰杆挺直；头部要保持挺拔，目光平视，下巴往内收；两肩平齐，双手对称垂放在身体两侧或者放在腰线附近，双手自然弯曲；腿要绷直，双脚成小八字或采用丁字步站法，身体重心落在两个前脚掌上。女秘书站姿要端庄优雅，不能叉腿而立，男秘书站姿要稳健洒脱。

（二）走姿

行走是人的基本动作之一，走姿最能体现人的精神风貌。走姿是站姿的延续动作，因此也包含了站姿的动作要领。行走迈步时，脚尖应向着正前方，脚跟先落地，脚掌紧跟落地。走路时要收腹挺胸，两臂自然摆动，节奏快慢适当，给人一种轻巧自如、稳健大方的动态美。女性行走时，要尽量走成一条直线，要从后脚跟过渡到大脚趾，然后用大脚趾的力量蹬地离开地面；男性行走时，需要微微外八字，落地要实、要稳，步伐速度适中，上身挺拔，切忌前脚掌落地行走。

（三）坐姿

优美的坐姿应该让人觉得文雅舒适、端庄稳重。标准的坐姿是：上半身挺直，肩部放松，女士双膝并拢；男士双腿可以适当分开一些，但不能超过肩宽。落座时，一般要从椅子的左侧入座，应当在落座前轻轻后退，用小腿确认椅子的位置后落座，女士可以自然地抚平裙子再坐下。坐下后，注意不要靠在椅背上，大约坐到椅子三分之二的位置即可。两条腿并紧，可右腿稍微后撤，双脚微偏向左方。

女士入座后，双手可自然下垂，手指并拢，交握在膝盖上或者放在前面的会议桌上，但不宜放在椅子或沙发两侧的扶手上；男士入座后，可以将两手自然地放在腿上，或是放在前面的会议桌上，也可放在座位两侧的扶手上。谈话时可以侧坐，此时上身与腿同时转向一侧，要把双膝靠拢，脚跟合拢。

阅读资料

秘书装扮的禁区

秘书在讲究“包装”的今天，如果一味地追赶潮流，将所有的流行元素都带入办公空间，可能会给工作带来一些不必要的困扰。

禁忌一：发型突兀

干净整齐是职场人士选择发型的首要原则。要根据职业环境选择发型风格，过于特立独行的发型在职场上十分不合适。

禁忌二：浓妆艳抹

职业妆适用于职业女性的工作特点或与工作相关的社交环境。职业妆原则上要淡雅、含蓄，根据工作或活动场合的需要也可适当亮丽，但是不宜浓妆艳抹，要表现职业女性理智与成熟的风韵，妆型与妆色协调一致，符合工作环境与特点。作为一名秘书，形象应该是干练、专业、高效的。

禁忌三：奇装异服

一名服饰美观大方、舒适得体的秘书，往往给人富有教养、情趣高雅的印象，而一个奇装异服的秘书，往往使人感到缺乏职业素养。

第二节　秘书仪表修饰

案例导入

某大型企业要面向社会招一批办公室秘书，前来报名的人络绎不绝。其中有一位女生，认为这么大型的企业的办公室秘书应该是十分时髦的，就给自己化了一个很浓艳的妆容。

她高高兴兴地来到报名地点，谁知工作人员连报名的机会都不给她，就让她走了。她很疑惑："这是为什么呢？"

讨论：

1. 工作人员为什么不给这个女孩报名？

2. 如果你要去应聘，你会怎么打扮自己？

仪表，主要指人的外表，包括人的仪容、服饰、举止、表情、风度等方面。人的容貌、形体、体态等要协调优美，修饰打扮后的美也属于仪表美；仪表美还是一个人高尚的内心世界和生命活力的外在表现。

秘书可以通过发型修饰、面容修饰、手部修饰、配饰修饰、表情修饰等辅助手段，弥补和掩盖自己的不足之处，扬长避短，使形象得到美化，塑造自己需要的职业形象。仪表修饰要适合自身的形体气质，要整体协调一致。

一、发型修饰

发型，即头发的整体造型。秘书发型要整洁，经常清洗和保养，最好每天清洗头发。女士发型要求大方、高雅、得体、干练，前发不能遮眼；男士不宜留鬓角、刘海，前发不附额，后发不及领。

二、面容修饰

（一）男士面容的修饰

1. 眼部的修饰

眼部是被别人注意最多的地方，所以要保持眼部的清洁，并让眼睛能够得到足够的休息。

2. 鼻部的修饰

要注意清洁鼻子内外。平时还要注意经常修剪鼻毛。

3. 耳朵的修饰

要经常进行耳部的清洁。如果有耳毛，要及时进行修剪。

4. 胡须的修饰

应该每天刮胡须。

5. 牙齿的修饰

要坚持每天早晚刷牙，以使牙齿看起来更加洁白、健康。

（二）女士面容的修饰

女士面容修饰与男士相比，最大的不同是化妆。女性在职场上化妆，是对别人的尊重。在清洁的基础上，让自己气色更好，肤色更均匀，也是增加自信心的方法。通常一款适合的粉底、腮红和睫毛膏，便可以轻松达到效果。

需要注意的是化妆要自然，妆色淡雅含蓄；化妆的各个部位要协调，妆容和服饰也要协调；唇色不宜浓艳，要以自然的颜色为主，这样整体妆色会保持一致。

化妆是一种个人隐私行为，不要在人前化妆。

三、手部修饰

在商务活动和日常活动中，手是接触其他人、其他物体最多的部位，所以手部修饰不容忽视。出于清洁、卫生、健康的考虑，手应当勤于清洗。手指甲应定期修剪，并保持清洁，尽量不要留长指甲。

四、配饰修饰

作为秘书，在职场上不宜过度佩戴装饰品。

首饰的选择一定要注重品质，否则宁可不戴。钻石、珍珠配以贵金属材质的精致首饰等一般是职场装饰的首选。

女士身上的饰品最好同时不超过三件。可佩戴精致小巧的饰品，如点状耳环、细项链等，不要戴太夸张、太突出的饰品。

五、表情修饰

表情是人内在感情的外在显现。一个人的表情最主要是通过眼神和笑容体现出来的。

（一）眼神

首先，秘书和别人交流的时候，要养成注视对方的习惯，近距离交谈时，可以看对方的眼睛或者头部。

其次，眼睛要正视对方，不要斜着眼睛看人，更不要上下左右地打量对方。

最后，不要长时间盯着对方。可以在交谈的过程中不时地看向对方，尤其是在表示理解、支持、赞同、重视的时候。

（二）笑容

笑容具有沟通感情、传递信息的作用。笑容能够消除人与人之间的陌生感，使人产生心理上的安全感、亲切感和愉悦感。

笑容要真诚、适度、合宜，发自内心。

笑的时候，先要放松面部肌肉，然后使嘴角微微向上翘起，让嘴唇略呈弧形。一个人在微笑时，目光应当柔和发亮，双眼略微睁大；眉头自然舒展，眉心微微向上扬起。除此以外，还要避免耸动鼻子与耳朵，并且可将下巴向内自然地稍许收起。

阅读资料

秘书化妆小知识

秘书化妆的内容一般包括护肤、美发、修眉、画眼、修饰唇形、呵护手部等。从技巧上讲，进行一次完整而全面的化妆，一般包括以下程序与步骤：

（1）洁面。用洗面奶去除油污、汗水与灰尘，使面部彻底清洁。随后，在脸上拍打化妆水，为面部化妆做好准备。

（2）涂敷粉底。先用少量的护肤霜，以保护皮肤免受其他化妆品的刺激。秘书长期待在空调房里，照明也是冷调的光源，因此，底妆要选择有保湿效果的粉底，尽量选用接近自己肤色的自然色彩。在面部的不同区域使用深浅不同的粉底，使妆面产生立体感，之后即可使用少许定妆粉来固定粉底。

（3）修饰眉毛和眼部。首先，修眉、拔眉、描眉，在办公室里，最好选择稍粗且眉峰稍锐的眉形，显得能干而精明；其次，沿着睫毛的根部，画好眼线，眼线可以提升眼神；再次，运用睫毛膏、睫毛器，对眼睫毛进行修饰、定型；最后，涂眼影来为眼部着色，增强眼睛的立体感。

（4）美化鼻部。即涂鼻侧影以改善鼻形的缺陷。

（5）打腮红。办公妆的颜色应以暖调为主，为使肤色更明快，可选择粉红或橙红。腮红不可强过唇彩，重点在于利用柔和的色彩使得整个妆容更加靓丽，缓和办公室的紧张气氛。

（6）修饰唇形。先用唇线笔描出唇形，然后填入色彩适宜的唇膏。切记唇线不要太明显。有透明感的唇彩，可以不用勾勒唇线，选择接近或比自己唇色略深的色泽，轻而薄地涂于唇上。在选择口红颜色的时候，一定要掌握分寸，以不抢眼为好。

（7）修正补妆。检查化妆的效果，进行必要的调整、补充、修饰和矫正。

素养园地

中国传统服饰之中山装

中山装是以孙中山先生为名的一种中式男士服装。其基本形制是：立翻领，四个有笔架形袋盖的贴袋，袋盖上有纽扣，前门襟有七粒纽扣，袖口有三粒扣，背部有腰带和开衩。

中山装做工比较讲究，领角要做成窝势，后过肩不应涌起，袖子同西装袖一样要求前圆后登，前胸处要有胖势，四个口袋要做得平服，丝缕要直。在工艺上可分精做和简做两种，前者有夹里和衬垫，一般用作礼服和裤子配套穿用，后者不加衬料，适合于日常作便服穿用。对于面料的选用也有些不同，作为礼服用的中山装面料宜选用纯毛华达呢、驼丝锦、海军呢等。这些面料的特点是质地厚实，手感丰满，呢面平滑，光泽柔和，与中山装的款式风格相得益彰，使服装更显得沉稳庄重。而作为便服用的面料，选择相对较灵活，可用棉布、卡其、华达呢、化纤织物以及混纺毛织物。中山装的色彩很丰富，除常见的蓝色、灰色外，还有驼色、黑色、白色、灰绿色、米黄色等。一般来说，南方地区偏爱浅色，而北方地区则偏爱深色。不同场合穿着，对其颜色的选择也不一样，作礼服用的中山装色彩要庄重、沉着，而作便服用时色彩可以鲜明活泼些。

中山装的高雅稳重带给穿着者稳健大方的气质。中山装因为造型均衡匀称，外观美观大方，被很多人选为出席正式场合的礼服。中山装承载着一种文化，一种礼仪，一份民族自尊与自豪感。

案例分析

案例1：秘书的装束

早晨一进办公室，秘书小李就将挂在脖子上的新手机向同事小马晃了晃，手机上还挂了个黄绿相间的卡通娃娃，还穿了新裙子，很时尚，裙摆和袖子都很长，还搭配了长长的耳坠。当小李向小马展示她的新手机时，也被科长看到了。科长把小李叫到办公室，问她上班的服装是不是不适合工作。

问题：小李在穿着打扮上有哪些方面不合适？

案例2：周莉的困惑

周莉大学毕业后，应聘到一家外贸公司当秘书。她青春靓丽，工作积极主动，有上进心。周莉认为秘书岗位是公司的"窗口"，所以平时非常注重自己的外在形象，装扮时尚，总是让同事眼前一亮，发式、妆容永远紧跟时尚潮流，服饰款式经常变化，配饰更让人眼花缭乱。而且爱美的她常在办公室补妆。在日常交往中，性格开朗的她与同事、客户交谈时，喜欢靠得很近，手势语非常丰富。眼看周莉到公司两年多了，看到其他后来的秘书大多得到升迁，而她却一直原地踏步，周莉百思不得其解，非常纳闷：领导为什么不提拔自己呢？

问题：周莉为什么没有得到升迁的机会？你对周莉有何建议？

案例3：他为什么会失去这份订单？

张勇刚走上秘书岗位，由于出色的业务能力深受总经理赏识。一次公司接到一份大额订单，不巧的是，经理必须接待上级主管部门的领导，于是就派张勇前去洽谈。张勇为此做了精心准备，西服笔挺，材料齐全。他准时到达对方单位，拜见了对方供应科林科长。张勇一见林科长马上主动上前握手。入座后，张勇马上拿出自己的名片。林科长与之交换了名片。张勇接过林科长的名片，仔细看了看后，放在桌上。双方就订单的具体事宜又再次进行了沟通。兴奋不已的张勇在谈判结束后，把材料放回公文包，与对方告别后，兴冲冲地赶回公司向总经理汇报，却将林科长的名片忘在桌上。

不料，张勇回到公司向总经理汇报时，总经理很生气地告诉他，林科长似乎对今天的洽谈不满意，张勇不明白这是为什么。

问题：张勇在拜访林科长的过程中有哪些不当之处？

第六章

秘书人际关系处理

教学目标

知识目标

1. 理解秘书处理人际关系的重要性。

2. 掌握秘书处理人际关系的准则。

技能目标

1. 能够处理与领导的关系。

2. 能够处理与一般同事的关系。

素质目标

树立对秘书人际关系的正确认知。

第一节　秘书人际关系概述

案例分析

小钢大学毕业后，到一家民营企业给总经理当秘书。这是一家典型的家族企业，虽然规章制度不少，但执行得并不严格。比如负责采购的是总经理的女婿，由于进货把关不严，经常造成公司产品出现质量问题，但大家都是睁一只眼闭一只眼。小钢进公司已经有半年多了，觉得自己作为总经理的助手，对这件事不能熟视无睹，就给总经理递交了一份报告。报告洋洋洒洒数万言，把总经理的女婿当作反面典型。总经理接过报告之后翻看了几页，就塞进了抽屉。没过几天，公司的产品又因原料问题出现客户退货。在处理完这事之后，小钢再次提起了那份报告，但他没料到老板反而怒气冲冲地问小钢："这个公司你是老板，还是我是老板?!"由于老板的不支持，再加上同事们嫌他"多事"，小钢只好辞职，另谋工作。

讨论：请你结合所学知识，与同学一起讨论小钢为什么会被辞退。如果是你面对同样的情形，你会怎么做呢?

人际关系是人与人之间在活动过程中直接的心理上的关系或心理上的距离。人际关系的变化取决于双方社会需要满足的程度。这是一种社会性、职业性的关系。

人际关系处理主要通过人们在社会生活中的行为交往、语言交流等方式，达到彼此了解、熟悉，在各种社会活动中互相合作、帮助、促进。秘书需要考虑人际关系的各种因素，克服人际关系中的障碍，采用恰当的人际交往的方式、方法。

一、秘书处理人际关系的重要性

秘书处理人际关系的重要性表现在以下几个方面。

（一）正确处理好人际关系有利于秘书提高工作效率

美国成功学家卡耐基认为，一个人在事业上的成功只有15%是由于他的专业技术，另外的85%要靠人际关系和处事技巧。秘书在日常交往活动中，应该注意同周围的人保持良好的人际关系，这样不仅可以使秘书与其他人协调一致，而且还可以不断得到他人的支持和帮助，从而极大地减少工作中的扯皮现象。特别是当工作中出现困难时，能够借助周围人的关心、帮助而顺利解决，这对于秘书提高工作效率有着很大的作用。同时，秘书与周围人的良好交往，有利于形成比较融洽的团体气氛，增进团体的团结合作，便于发挥团体的整体功能，从而提高整个单位的工作效率。

（二）广泛的人际交往有助于秘书不断扩大视野

世事洞明皆学问，人情练达即文章。扩大人际交往有利于秘书开展工作，便于收集各方面的信息情报，以充分发挥秘书的咨询、参谋作用。

人际交往是一种信息转换传递的活动，一个人的交往活动情况反映了他的信息量的多少。人际交往的范围越广，接触的人越多，了解到的情况也就越多；人际交往的频率越高，信息的传递就越快，人们对信息的利用也就越及时。秘书处在一个开放的平台上，每天都要与一些不同的人打交道，因而每天都能获取大量新的信息材料，这对于秘书全面了解情况，不断扩大自己的视野有很大的帮助。

（三）人际交往活动有利于秘书的身心健康

人是惧怕孤独的，因为人在孤独的环境中会有一种被抛弃感，会感到寂寞无聊，会失去自信心。交往作为人的一种需要，是一个人获取理解、信任、友谊和爱情的重要手段，也是一个人能够实现自我评价的基本方式。个体通过交往活动确立在社会中的地位，有助于摆脱孤独无靠的悲观情绪，从而形成一种积极融入社会的健康心理。通过人际交往，个体还可以不断发展和提升自己，为适应各种复杂的社会活动奠定基础。因此，良好的人际交往行为对于促进秘书的身心健康有着重要的意义。交往活动的受挫、失败或产生障碍，都会导致人际关系的恶化，从而给秘书的精神带来压力，造成心理不平衡，危害其身心健康。

（四）人际交往活动是秘书树立自我形象的有效途径

人们只有在交往中才能对秘书形成比较正确的认识和评价。所以，作为秘书，必须不断提高自己的社交水平。

阅读资料

积累人脉的路径

常言说“一个篱笆三个桩，一个好汉三个帮”“一人成木，二人成林，三人成森林”，都是说，要想做成大事，必定要有做成大事的人脉网络和人脉支持系统。“人”这个字，一撇一捺分为两个独立的个体，相互支撑、相互依存、相互帮助，构成了一个“人”，“人”的象形构成完美地诠释了人的生命意义所在。

很多成功的商界人士都深深意识到人脉资源对自己事业成功的重要性。所以说，无论你从事什么职业，学会处理人际关系，掌握并拥有丰厚的人脉资源，你就接近了成功。积累和经营人脉对于个人事业发展十分重要。那么，在商务活动中，我们应该怎样积累和经营自己的人脉呢？

一、熟人介绍

熟人介绍是一种事半功倍的人脉资源扩展方法，它具有倍增的力量。一个人的能力再强，他的精力和时间是固定的、有限的。一位营销人员，要想在短时间内开发出大量的客户资源，只有利用转介绍的机制，才能产生几何指数的倍增效应。人脉资源的拓展也是如此。

熟人介绍加快了与人信任的速度，提高了合作成功的概率，降低了交往成本，确实是一种人脉资源积累的捷径。所以，在商务活动中，我们要养成一些习惯性的话语，例如：“如果有合适的客户或对象麻烦介绍给我，谢谢！”“如果有需要这方面产品或服务的人，麻烦您告诉我。”“我们今晚有活动，你可以带一些朋友一起过来。”“您有这方面的朋友吗？可否介绍给我，让我们认识一下。”这样的话多说几次之后，对方也会形成一种习惯性的思维，如果真有合适的客户或对象，他就会想起你说过的话。

二、参与社团

参与社团可在自然状态下与他人互动建立关系，进而扩展自己的人脉网络。

在人际交往中，我们也许会遇到这一现象：平常太主动亲近陌生人时，容易遭受拒绝，但是参与社团时，人与人的交往在“自然”的情况下将更顺利。为什么强调自然？因为人与人的交往、互动在自然的情况下发生，有助于建立情感和信任。参加社团里面的公益活动、休闲活动，就是在自然情况下产生人际互动和联系。

有些人本能地厌恶或害怕参加吵闹的聚会，认为这些活动是在浪费时间和精力。你若是想做一个独善其身的人，这些活动的确是浪费时间和生命，但你如果想扩展你的事业，这些活动对你来说必不可少，你需要做的是，分辨出哪些该参加，哪些该拒绝。一旦决定参加，你就肩负一项任务，就是你为什么参加这次活动？你必须从这次活动中有所收获，那就是丰富你的人脉资源。

资料来源：[1] 卢静，谭清华. 论大学生职业规划中的人脉管理 [J]. 科教文汇，2012 (25)：3-4.

[2] 王福振. 新公司经营管理 120 问 [M]. 北京：中国纺织出版社，2020.

二、秘书处理人际关系的准则

（一）界限分明

秘书处理人际关系要严格分清界限。

一是工作关系的界限。工作关系纵向是上为领导、领导班子、领导机关服务，下为辖区部门单位和群众服务；横向是联络、协调、服务于前后左右的兄弟单位。

二是交往中的职责界限。也就是应划分权力，明确责任，既要防止工作不到位，又要做到不擅权、不越权。秘书在领导、领导班子身边工作，更应重视职权，否则其行为会被看作体现领导意图，导致领导班子的不团结。

（二）尊重他人

秘书在工作中，不论是对领导、对同事，还是对重要来访者、一般交往者，都要尊重。通常而言，要获得别人的尊重，首先得尊重别人。尊重别人和受到尊重，是相对应的。互相尊重能增进彼此的友情和信任，能激发彼此的责任感和工作的积极性。

尊重重要的表现是重视别人的意见和要求，但又不轻易放弃自己的原则和看法。当与对方意见不一致或发生矛盾时，既不虚伪应答、苟同或表面敷衍，又不强词夺理，甚至可以不做正面辩驳，而用婉转的语气进行解释。尊重也表现为要求别人时不强人所难，不把自己的观点强加于人。

（三）诚实守信

秘书工作本身要求很高的信用度。如果没有别人的信赖，就不可能得到可靠真实的信息，更难以协调各方、做好督查。首先，待人接物要诚实。一是一，二是二，能讲的就讲，不能说的不说，能办的积极去办，而且办到底，办出效果，办不到的要说明原因。切忌对别人的请求漫不经心，当面答应，一转身就忘、就变。其次，说话要有根据，还要顾及后果。自己没有完全搞清楚的问题，不要轻易表态，不要人云亦云，作断然肯定或否定的结论。最后，办事要牢靠，凡应该办也能够办的事，要积极去办。自己没有把握的事，不要轻易许诺，更不要自认为处于比较特殊的地位，就想当然地答应别人的请求，一旦办不成会造成难以挽回的后果。良好的信誉是人际交往中无形的、可贵的财富，它不是一次两次、一天两天就可获得的，必须长期积累才能形成。一个人在社会上一旦获得较高信誉，就等于获得了无数个潜在的支持者。

（四）注重礼仪

人际关系中尊重最基本的形式是礼貌。这要求秘书在公司或其他场合会见领导、同事和客人时，做到服装整洁、装饰得体、表情自然；待人接物时，面带真诚的微笑，举止文雅；与人交谈时，用语得体、口齿清晰、语音温和；在各种交际场合自觉注重和遵守各种礼仪礼节。

（五）乐于助人

秘书的角色主要是助手，帮助领导做好各项工作，甚至必要的生活照顾与服务。秘书工作又是综合性的工作，它需要多方面的配合和帮助才能做好。因此，秘书应具有助人为乐的意识，养成主动、勤劳的习惯。不论对领导、同事，还是客户、有工作交往的普通同事，只要知道或看出对方有需要，就应主动地伸手帮助。只有这样，秘书才能获得更多人的赏识和合作，从而获得成功。

（六）赞美他人

秘书的角色要求其必须是个真正的谦虚者。谦虚不等于自卑，正如自尊也不等于骄傲。确切地说，真正自尊、谦虚的人就在于他们既能正确地估量自己，又能正确地看待别人。对别人要多看优点，才能以人之长补己之短。秘书应该多注意他人的优点，多慷慨地赞美他人。赞美必须是真诚的，否则，就成为阿谀奉承，互相吹捧，成为一种虚伪的人际关系。真诚、慷慨地赞美他人，会使秘书获得越来越多的朋友。

（七）宽容待人

社会是丰富多彩的，社会中的人也是各式各样的。他们的容貌、性格、爱好、知识、专长、修养、习惯等都不一样，各有自己的特点。因此，秘书要善于在人际交往中学会宽容，对别人身上这样或那样的弱点或缺点要予以宽容，对别人的粗鲁言语、举止或错误行为，只要不伤害公司及个人，要予以宽恕，进而能设身处地地为对方着想，多给人一点同情和谅解。

（八）追求公允

公允要求秘书处世待人要公正、诚实，既不自欺，也不欺人。不贪人之功以为己力，也不文过饰非或推卸责任。当秘书做成某件事受到领导表扬时，不要忘记对领导提及曾经帮助过自己和提过建议的同事，并让他们分享你的成功和喜悦；当做错事受到领导批评时，秘书应该独自或更多地承担责任而不要去责怪别人。只有坚持这样做，秘书才能得到同事的广泛支持和帮助，也会得到领导的赏识和器重。

（九）顾全大局

在社会生活中，每个人都有个人利益，各个单位也都有自身的局部利益，同时又有不同层次的全局利益和最高层次的国家利益。如何处理好个人与集体、局部与全局、单位与国家的关系，是树立良好人际关系的重要问题。个人利益要服从集体利益，局部利益要服从全局利益、国家利益。

（十）遵纪保密

秘书是机要人员，遵守纪律、保守秘密是应学习的第一课。纪律是工作的保障，又是对人的约束。秘书人员的纪律，相对来讲比其他部门要多，要求也比较严格，其中最重要的一个方面就是严守机密，要管住口、管住手。凡是涉密的事，与自己无关的不打听，与自己有关的不传播。

第二节　秘书人际关系的处理

案例分析

公司效益不好，小马被裁员。办公室王主任让秘书小钢去通知小马被裁员这件事。小钢对小马说："小马，别难过，下岗没什么了不起，天不会塌下来，更何况这次下岗又不止你一个人。"小钢没想到小马反应非常强烈，可以说是悲愤交加，他指责小钢是站着说话不腰疼，落井下石。其实，小钢的确是一番好意，想真心安慰小马，但是，他没有换位思考，不了解小马的心情，如果小钢对小马这样说："下岗这件事情在公司是一个政策。你有什么困难，我们想想办法，看看能帮你什么忙？"那么，小马心里至少会舒服一些。

讨论：请你结合本章所学知识与同学一起讨论小马为什么会对小钢的话有这么大反应。如果是你面对同样的情形，会怎么做呢？

秘书的人际关系具体包括以下内容：领导成员之间的关系；本单位各部门之间的关系；本单位与外单位之间的关系；上、下级单位关系；同事之间的关系，等等。本书主要介绍秘书与领导关系的处理和秘书与一般同事关系的处理。

一、秘书与领导关系的处理

秘书是领导的助手和参谋，又是智囊和管家。领导是一个圆心，秘书则是环绕圆心的圆周轨道上运行的各个点；领导工作是一条主线，秘书工作则是围绕主线上下、左右、前后同步行进的一条曲线。

（一）秘书与领导关系的特征

秘书与领导的关系具有以下特征。

1. 工作上的主从性

在工作职能上，秘书要为领导服务，做领导工作上的助手和参谋。在组织上，秘书与领导是上下级关系，领导指挥秘书，秘书执行领导的指令。秘书是领导尤其是主管领导直接的、全面的工作助手，应遵循领导为主，秘书为辅、为从的原则。秘书应以领导的工作目标为目标，以领导的工作任务为任务。秘书应尽力在工作目标、任务、进度、方式方法上配合好领导，与领导保持一致。如果不能做到秘书工作上的主从性，就可能会错误地反从为主，给工作、个人带来不必要的损失。

2. 知识、能力、体力、思维等的补充性

秘书与领导工作的配合既是一种助力，也是一种合力，应该是相加，而不是相减或抵消。这就要求秘书的知识结构与专长、能力与体力、思维的方向和方法等，既与领导有共同的地方，又与领导有不同的侧重点，作为领导的补充，更好地辅佐领导做好各项工作。秘书在工作当中还应不断进行知识、能力、体力、思维的补充，以使自己的能力与领导的工作相辅相成，可以更好地去配合领导，成为领导的补充，更好地辅助领导做好各项工作。

3. 人格上的平等性

人际交往中，平等是建立良好人际关系的前提。人际交往中看重的是人格平等，即尊重他人的人身权利、自尊心、感情。不管秘书与领导在职务上多么悬殊，秘书与领导在人格上永远是平等的。秘书与领导在工作上是“主从”关系，但秘书应保持人格上的独立性，不应该成为领导的附庸。

（二）秘书与领导关系的处理原则

秘书处理与领导的关系应遵循以下原则。

1. 主动配合、适应

要想做到主动配合、适应领导，首先，秘书应善于理解领导的工作意图，主动配合领导做好各项工作。对于领导明确授权的工作，秘书应自己多动脑筋去独立完成，而不必事事请示；领导没有明确授权的工作，秘书应凭经验掌握哪些事应该先请示后执行，哪些事无需请示即可以去做，哪些事可以先做了再汇报。做到尽可能地与领导配合默契，使领导对自己的秘书感到得心应手。其次，秘书还应该努力适应领导的工作方法和工作习惯。领导有多种类型，有经验的秘书应该都能适应。比如，有的领导是事务型的，遇事考虑周到，一件件、一步步都给秘书细细交代，秘书只要照章办事，不出差错就行。有的领导是放任型的，一般的事都交给秘书去做而自己不过问。这样的秘书更应该加强责任感，所做工作已不仅是对领导负责，而且是对上级甚至整个组织负责。最后，秘书应有正确的认识和态度，应适应领导的特点努力去做好工作，进一步以领导之长补己之短，使自己在各方面都能更快地成长。这样才能做一个合格的秘书，才能真正对领导起到参谋、辅助的作用。

2. 服从，但不盲从

秘书对领导的基本态度是服从，这也是对秘书职业特征的要求。尤其是初级秘书对资深领导，服从就更多一些。但是秘书的服从并非盲目服从，秘书的角色地位相当于助手和参谋，所从事的又是业务工作。领导对秘书尤其是中高级秘书常有咨询的可能，秘书也有提出建议甚至不同意见的必要。此外，秘书接触文件较多，对各种法规、制度更为熟悉，自然负有对领导某种程度监督的责任。因此，秘书对领导不能盲从。领导如有明显的差错，秘书出于对组织的责任心不能听之任之。有的领导自命不凡，对秘书言语傲慢，盛气凌人，这时下属就处于十分窘迫的境地，如果盲目服从领导，又助长了领导的这种不良作风；如果当面直接地表示不服，又觉得对方毕竟是领导，不好伤了他的自尊。这时就必须十分注意技巧，应向领导暗示你的想法，在维护领导自尊的同时让他明白自己的问题所在。

3. 委婉提醒，适时规劝

当秘书发现领导做出明显错误的决定时，一般不应立即正面提出意见，尤其是其他人在场时。除非是情况紧迫，秘书不得已才可这样做。很多情况下，秘书应该委婉、含蓄地提示领导。通常领导年长于秘书，地位、权力、经验都高于秘书，秘书理应照顾到领导的自尊心，秘书提出不同意见的目的只是要领导理解、接受，绝不是为证明或炫耀自己的正确，更不是达到贬低领导、抬高自己的效果。秘书应该用委婉、含蓄的提醒方式，让领导自己发现错误，或是等待一定时间再作请示，让领导冷静下来，重新做出决定。

4. 维护领导的团结

秘书主要为主管领导服务，还应该力所能及地执行其他领导的指令，而不可只顾自己的直接领导而得罪其他领导，也不能遇事越过直接领导向更高一级领导请示。秘书既应该维护领导的威信和利益，也应该维护领导间的团结。秘书不能也不允许介入领导私人间或工作中的分歧和矛盾。

二、秘书与一般同事关系的处理

（一）秘书与一般同事关系的特征

秘书与一般同事是工作上的合作关系，是完全平等的、相对稳定的关系。但是由于秘书的特殊地位，处于领导与基层同事之间，接近领导而比较疏远同事，容易受到妒忌或猜疑，很难与基层同事打成一片。而秘书工作的性质又要求他们在领导与同事之间传达指令、反映情况、沟通协调，同事往往视秘书为领导的替身。如果上下关系融洽，秘书自然是左右逢源；如果上下关系紧张，秘书就成了矛盾的焦点。因此，秘书要处理好与同事的关系，比处理好与领导的关系更为困难一些，这也是大多数秘书容易受到领导的信任、器重而缺乏群众基础的重要原因。

（二）秘书与一般同事关系的处理原则和要求

秘书要处理好与一般同事的关系，必须掌握以下原则与要求。

1. 真诚地关心别人

秘书必须认识到，工作要顺利进行并取得成果，领导的信赖固然很重要，但同事的支持和合作也必不可少。秘书要取得同事的支持和合作，就应该主动地、真诚地关心同事。要以谦虚、平等的态度对待同事。秘书代表领导向同事布置任务时，尽量以商量的口气，不能颐指气使，发号施令；工作上应多体谅同事的难处，尽力给予帮助解决。秘书对同事也应树立“服务”的观念；秘书还应关心同事的生活和情绪，抽空多与同事接触，与他们谈心，以增加了解，消除隔阂，促进友好合作。

2. 同等友好，等距交往

秘书与一般同事之间尽量做到同等友好，而不要和某些人特别亲密。

3. 维护团结

秘书作为领导与一般同事之间的中介和桥梁，应努力维护上下之间与同事之间的团结。秘书在传达领导不太有利于同事的指令时，应注意维护领导的威信与形象；同样，在向领导反映不太有利于同事的情况时，既不能隐瞒、掩饰，又要尽力保护同事的利益，尽量采取对事不对人的态度，使同事的缺点错误既得以纠正，又不至于受到伤害。对于同事间的矛盾，也应尽自己所能加以协调、缓和。总之，维护同事间的团结，维护上下之间的融洽关系，归根到底是为了维护整个组织的利益。

素养园地

“辅臣”诸葛亮对现代秘书培养的借鉴意义

诸葛亮，作为刘备的“辅臣”，其非凡的才智谋略与高尚的德行品质，为后人所敬仰。唐代宰相裴度盛赞诸葛亮在事君、开国、立身、治人四方面兼而行之，堪称文武全才。刘备与诸葛亮的君臣关系，成为后世楷模，对现代领导与秘书之间的关系维持也有着深远影响。诸葛亮辅佐刘备复兴汉室的成功事例，对现代秘书的培养有着重要的借鉴意义。

一、潜心向学，增长才干，为做好辅助领导工作做准备

建安二年至建安十二年，诸葛亮隐居十年。在此期间，他过着耕读结合的生活，不辞辛苦，博览群书。虽身在陇亩，却志在庙堂，常以管仲、乐毅自比。以

耕谋生，以读明智，其学识与杰出才干得到师友认可。农闲时，诸葛亮读书游学，广交江南名士，如司马徽、酆玖、庞德公、石广元、徐元直、孟公威、崔州平等。刘备起初从司马徽口中得知诸葛亮乃一介大儒，后因徐庶推荐，决定亲请诸葛亮出山辅佐汉室大业，遂有刘备三顾茅庐，诸葛亮顺利出山之事。可以说，诸葛亮能走上蜀汉仕途，得益于师友的扬名和推荐，而这皆源于他的躬耕和读书游学生活。

“木无本则枯，水无源则竭”。学习是能力之源，对于秘书人员来说，无论是提高服务本领、决策之能，还是自身综合素质，都唯有持之以恒加强学习。不断培养自身求知欲，有规划地落实学习任务，广泛参加实践，在实践中提升办事、管理、调研、表达、听辨、概括、社交、应变、操作等职业技能。秘书的能力构成是一个多方面、多因素的综合体，要求秘书热爱本职工作，有强烈的事业心和责任感，运用各种知识在实践中不断完善自己的能力。

诸葛亮躬耕南阳、交游士林，为实现理想打下坚实基础，积累了作为辅臣所需的才识与能力。在现代社会，市场竞争归根结底是人才的竞争。扎实的专业知识储备与专业技能，是领导选择秘书人才的“门槛”，对秘书工作的开展意义重大。

二、在处理与同级的人际关系上，善用品德和实力向同事证明自己的能力

刘备一顾草庐不遇诸葛亮，准备二顾时，遭到张飞反对。刘备阻止了张飞对诸葛亮的不敬言行，随后三请诸葛亮。诸葛亮未出茅庐便明确“三分天下”大计，为刘备制定联吴伐魏复兴汉室的宏伟蓝图，令刘备以师礼待之。但在关羽、张飞看来，诸葛亮一介村夫受此礼遇，颇为不满，这给三人日后共事带来极大消极影响。

品德即道德修养，良好的形象可由加强修养培养而来。诸葛亮外表高傲，实为待价而沽，在关、张二人面前，他故意让刘备礼节有加，为以后树立更有说服力的形象打下基础。实践证明，诸葛亮的品德是一名合格秘书人员应具备的——忠得了职守、做得了苦功、放得下荣耀、守得住礼法、禁得住诱惑、扛得起大梁。

面对关、张二人的怀疑和不满，诸葛亮用实力证明自己当得起刘备的赏识。火烧新野一战，诸葛亮扬名，令关羽、张飞佩服不已，从此三人紧密团结在刘备周围，为蜀汉政权崛起做出重大贡献。

三、在与领导关系的处理上，违覆直言，“想领导之未想”，高瞻远瞩，尽快得到领导的信任

作为辅臣，诸葛亮初入仕途便以最快速度适应环境，用实力赢得刘备信任和将士认可，为日后出谋划策消除了不必要的消极影响。诸葛亮并非盲目执行君主命令，而是“想领导之未想”，为君主出谋划策。他将处理人际关系事务发展成为一门艺术，对蜀汉大业发展作用重大。

长期以来，有的秘书工作者习惯于做领导的“执行机器”，唯领导是从，缺少创新思想。其实，秘书人员应直接服务于领导，随时为领导提供精力和智力补偿，当好领导的“外脑”，违覆直言，想领导之未想。在《与群下教》中，诸葛亮提到“违”即与上级意见相背离，“覆”即把领导批示过的公事返回来要求重新审查，“违覆”就是鼓励幕僚多动脑筋，多提不同意见，认真对待失误，不惧反复。

诸葛亮主簿杨颙对诸葛亮“事无巨细，必躬亲”的做法提出批评，诸葛亮非但没有生气，反而深表谢意。杨颙死后，诸葛亮想起他的劝谏，“垂泣三日”。由此可见，诸葛亮看重敢于违覆直言的人，自己也是敢于直言之人。

领导善于纳谏，秘书敢于直言，想领导之未想，急领导所未急，二者相辅相成，促使企业各项工作顺利开展，也让上下级之间的关系“终始好合”。

四、言出必行，诚实守信，努力取得秘书岗位上的成功

“言必信，行必果”“人无信不立，业无信不存，国无信不兴”。诚实守信是人际交往的基本道德要求，也是秘书岗位的基本准则。诸葛亮重议出师祁山时，采用杨仪分兵轮战的建议，此令让士兵欣喜鼓舞。后在蜀军换班之际，敌军来袭，杨仪建议先迎敌，待新兵来后再换班，但诸葛亮坚持言出必行，宁可面临危机也不失信于士兵。士兵们深受震撼，纷纷表示愿意留下迎战，最终蜀军转危为安。

对于现代秘书行业来说，诸葛亮忠于职守、诚信待人的优点，是秘书人员必须具备的基本道德修养。秘书人员在领导身边工作，办理重大机密事务，必须对组织、领导高度负责、忠心耿耿。只要努力完善自己，无论过程多辛苦，总会在岗位上取得成功。若秘书在企业利益与诚信原则发生冲突时不作为，企业的诚信危机将全面爆发。

鉴于往事，资以治道。诸葛亮作为“辅臣”的成功，对培养复合型、智能型新兴现代秘书人才具有重要的借鉴意义。

资料来源：陶春军．“辅臣”诸葛亮对现代秘书培养的借鉴意义［J］．文学教育（下），2018（12）：80－81.

练习与实训

一、思考与讨论

如果你是一位新入职秘书，你将如何处理好与其他资深秘书的关系？

二、职业测试

在领导的心目中，什么样的秘书才算合格？美国管理学家 K. 亚历克·麦肯齐在其所著的《时间管理》一书中，提出 20 道测评题目：

1. 秘书知道你在组织中的职责范围和全部活动吗？他是否了解你的目标和意向？他怎样将目标和意向同组织的总目标结合？

2. 假如你离开 3～4 周，你是否深信你的秘书仍能认真负责地处理你的公事和私事？

3. 他能帮助你安排活动日程、协调约会，使你如期践约，一切都不用你催促和烦神吗？他本人是不是一个很会安排自己时间的人？

4. 如果别人不提醒他，他能否主动执行和坚决完成你交给他的工作？

5. 他对待你的同事、来访者和客户是否有礼貌？他能尊重人、肯帮助人、把别人的事放在心上吗？

6. 他是一个富有想象力和创造力的人吗？他能否提出一些新的设想和建议供你参考？他能否经常采用新的方法来改进你的工作和他自己的工作？他能否制定新的工作制度或工作程序？他的工作有条理吗？

7. 他是一个机智的人吗？他能否主动地解决一些问题而不麻烦你？他害怕困难吗？

8. 他能否提高文件运转效率？他能否及时发现你办公桌上搁置很久而其他领导正等着看的文件？他能否及时地从其他领导处取来你正需要的文件？

9. 他所具备的秘书基本技能（例如文件归档、速记、听电话的态度）是否无可指责？

10. 他在危急关头是否沉着？在紧急状态下是否冷静？当你承受压力而沉不住气或发脾气时，他是否仍能平静地像平常那样继续工作？

11. 他对你的忠诚值得你信赖吗？你能把一些公和私的机密信息资料委托给他吗？

12. 他是否有较广的阅读面和知识面？他能否经常提醒你自己注意与单位及与个人事务有关的出版物？

13. 他是否成为本单位的一个有价值的信息来源？而这些信息靠你自己是很难获得、不便获得或不能获得的？

14. 他是否有个人进修计划？他是否参加管理方面的课程或讨论，参与管理方面的活动？他是否要求更多地了解你的单位、你的工作、你的顾客，或者你的行业？

15. 他的发言是否清晰？他能否以书面或口头的方式简要地向你汇报情况？

16. 他是否不计时间地将每天的工作做完？他是否根据需要自愿在夜间或周末加班？

17. 他能否像管理者那样，必要时将自己未做完的工作委托给别人，并督促他人完成？

18. 在你没有插手的情况下，他能否替你处理好每日的例行公事？

19. 他能否记住一些重要日期（如纪念日、某人生日、传统节日、假期等），代你为上级、家庭或顾客安排好庆祝活动？

20. 在调研工作中他是否称职？如能否收集资料、调查某件事情的经过，并写出有事实、有分析、有建议的调查报告等。

根据以上测试，看看自己能不能成为一位合格的秘书。

案例分析

案例1："请示"与"报告"

某公司办公室主任是公司的老员工，经验丰富，但文化水平一般，没经过正规的秘书专业培训。他接受领导指示，吩咐尹秘书就人事纠纷一事的处理向上级写一份"请示报告"。尹秘书是科班出身，清楚地知道"请示"和"报告"的区别。他根据实际情况判定选用“请示”文种。主任一看标题，就在“请示”后面加上“报告”两字，尹秘书未加辩解。几天后，尹秘书向主任推荐了一篇文章《请示和报告的区别》，主任不以为然地说：“一家之言！我们既‘反映情况’又‘请求批准’，就可以用‘请示报告’啊，而且别人也这样写啊！”

尹秘书深感委屈，觉得要把课堂知识用于实际可真不容易。

问题：尹秘书的想法对不对？他该怎样做才能说服主任呢？如果你是上级秘书，对送上的“请示报告”该如何处理？

案例2：“无用功”

小王是南京新宇食品公司市场部新来的秘书。这天，由于客服部的人工作推诿，将客户的问题从客服部转到了销售部，销售部又将这个客户推到了市场部，小王正当班。按常理，小王也完全可以把这个客户推到客服部去，因为市场部没有义务处理客户投诉的问题。但是小王并没有一推了之，为了帮助这个客户解决问题，他跑前跑后一个下午，最终帮客户把问题解决了。但是，这事不仅惹得客服部的人不高兴，也遭到了市场部一些同事的嘲讽，说他这么卖力是做“无用功”。

问题：你怎么看待小王的做法？

案例3：用心交流

王经理是公司出了名的“恶领导”，她的部门跳槽率最高。尹秘书被安排做她的助理，同事都同情她，但她自有一套战略战术：努力工作，任劳任怨，凡是王经理吩咐的事都往好的方面去想；反复修改同一个策划，就当是锻炼文笔和耐心；加班就当为家里省电费、伙食费……

时间久了，尹秘书才知道王经理家庭负担比较重，全靠自己打拼才到现在的位置。

尹秘书渐渐地尝试去了解王经理，她胃不好，于是常常备胃药；王经理出差时她女儿病了，便主动送医院看护；王经理生日时，买了一束鲜花，并标上部门所有成员的名字，衷心祝愿生日快乐；年终吃团圆饭时，她对王经理说，其实大家都很尊重她，愿意把部门业绩做好，希望大家能创造一个和睦友爱的氛围，有益于工作。此后，王经理对待下属开始变得亲切，部门发展也越来越好。

问题：尹秘书为什么能与“恶领导”和谐相处，她的秘诀是什么？

案例 4：秘书的人缘

王小菊是公司董事长的秘书，美丽、热情大方，在单位人缘极好，为人处世深得上司和同事们的赞赏。她的好朋友李露在另外一家公司担任总经理秘书。李露经常向王小菊抱怨公司的人际关系很不好处，说每次自己去传达上司的指示，其他部门都是当面答应得好好的，实施的时候无限拖延，让领导认为李露根本没有传达自己的意图。小菊问李露："除了传达领导的旨意，你平时和其他部门联系往来吗？"李露说："我每天事情忙都忙不过来，不是领导让我去部门传达，我才不去，我都待在自己办公室做事情，平时一般都不联系的。"小菊笑道："那是你的问题了。我们做秘书工作的，在公司平时也要经常和各个部门的主管及一般同事多联系，要常和大家打成一片，多交流，多沟通，这样才更能够相互支持呀！"

问题：你认为李露所在公司的人际关系真的那么差吗？王小菊成功的秘诀是什么？

案例 5：老总决策的"漏洞"

小夏是公司总经理办公室秘书，平时工作和总经理一直配合得很好。一次，总经理在全体员工会议制定的决策上，存在漏洞，被小夏发现了，小夏当时想漠然视之、高高挂起，但是考虑到公司利益，在会上当场指出了问题所在，总经理当时没有说什么，还表扬小夏有洞察力，小夏洋洋得意。

一段时间下来，总经理对小夏产生了一种莫名其妙的反感，小夏工作也越来越不顺心。

问题：小夏的问题出在哪里？如果你是小夏，你会怎么做？

案例 6：如何提出"加薪"要求

夏东是远东集团董事长的秘书，前几天和董事长闲聊，谈到最近物价飞涨，暗示要求加薪。董事长打哈哈地说："行呀，这个月就加。"但并没透露具体的数字。夏东立即给人事部经理表达了这层意思，人事部经理又告知了行政副总。行政副总对夏东说："考虑下。"到了月底，夏东查询自己的实际薪酬并未增加。找到董事长询问，董事长亲自给人事部打了电话过问，让他再等等。过了一个月，还是不见任何动静。夏东一次偶然路过人事部经理办公室时，听到人事部经理小声嘀咕："夏东那么能干，董事长很赏识，说加薪，董事长都同意了，还不是李总（行政副总）不同意，就拖着。”虽早有耳闻董事长和行政副总之间关系不太好，但夏东从来没有见过两位领导的正面冲突。

问题：夏东应该如何达到自己顺利加薪的目的？对于董事长和行政副总的关系，夏东可有办法暗中协调？

案例 7：如实汇报

总经理把销售部秘书小张叫到办公室，问道：“你们销售部是怎么回事？听办公室的同事说，就差你们的年度计划没有报上来了！刚才打电话找你们经理也找不到，上次计划讨论会也没有出席。你们这种拖拖拉拉的作风要改一改了！”小张心里明白，销售部经理最近因为爱人出差，孩子住院，没有参加讨论，也耽误了报计划。在总经理面前没有机会解释，只好回去汇报：“总经理批评我们作风拖拉，说您上次没有参加会议，计划也没有交。”“我儿子住院一个多星期了，哪有时间讨论计划？上次会议我不是请了假吗？总经理也太不体恤下属了！”

问题：小张的做法对不对？如果你是秘书小张，你该怎样转达总经理的意思？

第七章

秘书职业规划与发展

教学目标

知识目标

1. 了解秘书的任职资格与条件。
2. 了解秘书专业学生的就业趋势。
3. 了解秘书职业生涯规划的步骤。

技能目标

1. 熟悉秘书专业就业特点和就业趋势。
2. 能够熟练制作求职的材料。
3. 能够根据自身情况编制职业生涯规划。

素质目标

1. 形成对秘书职业规划的正面认知。
2. 培养前瞻意识和协作精神。

第一节 秘书职场及求职要求

案例分析

××市体育局招聘文秘人员启事

因工作需要，现面向社会招聘1名工作人员，录用人员人事关系由××市新世纪人才派遣有限公司按人才派遣办理。

一、招聘岗位及人数

办公室信息宣传岗位1名。

二、招聘条件

1. 35周岁以下。

2. 新闻、中文或相关专业全日制专科及以上学历，具有一定文字编写、编辑能力。

3. 熟练运用Word、Excel、PPT等相关软件。

4. 有记者、编辑或文字编写两年以上工作经历者优先考虑。

5. 能使用相机拍摄新闻照片，能运用后期处理软件对照片进行简单处理。

6. 有创新思维和创作热情，吃苦耐劳，工作责任心强，有奉献和团队精神，身体健康。

7. 无违法违纪不良记录。

三、招聘程序

1. 报名：有意报名者请准备本人身份证、户口簿或户籍证明、毕业证书、学位证书等正式有效证件（原件、复印件各一份），近期同底二寸免冠照片2张，到报名地点报名。

报名时间：20××年6月16日至23日。

2. 初审：岗位招聘人数与岗位报考人数的比例原则上不低于1∶3，低于1∶3的比例，取消招聘计划。

3. 考试录用：由市体育局统一组织考试及录用。

4. 其他事项：招聘人员与××新世纪人才派遣有限公司签订劳动合同，按规定缴纳基本社会保险、医疗保险、失业保险等。

5. 联系办法：

联系人：×××

联系电话：×××××××××

地址：××××××××

××市体育局

20××年××月××日

讨论：请你阅读上述招聘启事并和同学们讨论，这则招聘启事可以看出现代企业对秘书工作人员的基本要求，作为文秘专业的学生，应该为自己的求职做哪些准备？

一、秘书的任职资格与条件

秘书的任职资格与条件具体如下。

（一）具有过硬的专业技能

在人才市场上，招聘单位对求职者的年龄、学历、专业技能水平等硬指标要求相当严格。对秘书来说，比较传统的三项要求是文笔、英语和现代办公设备使用能力，近年来又增加了网络办公技术和第二专业等。

（二）具有良好的综合素质

秘书需要具备优秀的沟通能力和人际关系管理能力，以便与不同层面的人进行高效沟通和协调；还需要具备高度的组织与时间管理能力，可以合理安排日程和处理文件，具备良好的工作效率。此外，秘书需要具备优秀的抗压能力和处理紧急情况的能力，以在工作中应对各种突发情况。同时，秘书还应具备保密意识和严谨的工作态度，始终遵守职业道德和规范。总之，良好的综合素质有助于秘书胜任各项工作，并为上级和组织提供高质量的支持与服务。

二、秘书专业学生的就业趋势

（一）秘书就业的特点

秘书就业的特点具体如下。

1. 多元化

当今社会分工越来越细化，秘书的门类也越来越多，除传统的秘书工作外，还出现了商务秘书、家庭秘书、私人秘书、钟点秘书等，使秘书就业呈现出多元化的特点。

2. 专业化

随着秘书职业化进程的推进，秘书职业对从业人员的专业要求也越来越高，秘书必须掌握过硬的专业本领，才能出色地完成工作。

（二）秘书就业的趋势

秘书就业的趋势具体如下。

1. 就业选择渠道更多

随着时代的发展，社会行业不断增多，各行各业对秘书类人员的需求加大，相应地，秘书就业选择的渠道也越来越多，呈现出宽泛化的特点。

2. 就业能力要求更高

随着社会环境的转变，以及办公自动化水平的提高，领导工作内容增多，工作领域扩大，需要处理的事务日益繁杂，对秘书的专业技能和综合服务能力的要求也越来越高。

三、秘书就业求职的心理准备

秘书就业求职的心理准备具体如下。

（一）树立求职意识

求职就是对自己的职业理想、自身条件有清醒的认识，对社会环境、职业环境有准确的把握，在此基础上，收集和分析秘书人才需求的信息，了解招聘者对秘书人才的要求，以最佳的状态向招聘者推销自己。

（二）强化竞争意识

竞争是当今时代的主要特征，竞争已经渗透到社会生活的各个领域，职场的竞争同样激烈异常，秘书就业市场也不例外。秘书求职者必须做好参与竞争的心理准备，要敢于面对竞争对手，善于推销自己；要夯实自身实力，锻炼稳定的心理素质；要勇于追求成功，泰然正视失败。

（三）转变就业心态

找到专业对口、环境优越、待遇丰厚、前景广阔的单位和岗位，是每个大学生就业时的理想心态。但求职的道路并不是一帆风顺的，秘书专业的毕业生要调整好就业心态，着力提高自身综合素质和职业发展能力。

四、秘书求职的基本方法

（一）简历撰写技巧

1. 简历标题

可直接用求职者的名字“×××”作为简历的标题，这样显得更突出，一目了然。

2. 个人信息

（1）出生年月日：一定要按实际填写并与身份证上的信息相符。人力资源部会根据求职者的实际年龄来评价他工作时间的长短。

（2）联系电话：一定要写自己长期使用、短时间内不会更换的手机号。不少求职者会经常更换手机号码，或手机碰巧没有电，错失了人力资源部通知面试的机会。电话号码最好放在简历中靠前醒目的位置，这样便于人力资源部与你联系。

（3）户口：根据实际情况填写，有些企业或机关单位会指定只要本地生源，这时务必要写上。

（4）政治面貌：按实际情况填写。

（5）邮箱：用自己常用的私人邮箱，尽量不要用各大招聘网站分配的邮箱。

（6）照片：简历里的照片不要放艺术照、写真照或生活照。有时，一些没有贴照片的候选人，只能通过简历的描述和现场的面试才好判断，这群人在这一轮筛选中得到面试的机会反而比有照片的人要多一些。

3. 求职意向

求职意向必须写清楚。很多公司会同时招聘很多职位，对于没有写清楚申请职位和职位编号的简历，筛选人员是无法进行职位分类的。因此，这类简历很有可能在第一时间被删掉。如果是在招聘会现场递交的简历，可在简历的右上方写上应聘的职位，便于招聘者进行后续分类，也能给人良好的印象。

4. 工作经验和社会实践

工作经验和社会实践是所有企业都关心和注意的地方。招聘单位负责人第一眼几乎都是在这个地方进行搜索。这一项写得好与坏，直接决定他们是否有兴趣把简历的其余部分读完。

阅读资料

应届生如何面对缺乏工作经验的问题

应届生基本不会有什么工作经验，简历上可以把自己参加过的各种有意义的社会活动、校内外的实习、打工的经历写上去，把实践经验详细而有重点地描述出来。如果有在著名企业实践的经历最好，能得到用人单位的推荐信和人事证明，就会更有说服力。

如果求职者曾在学生会担任过部长级以上的职位，或组织过系以上级别的活动（如主持校庆晚会、负责校际联欢会的组织工作等），或参加过社会上的志愿者团体，也可以写上。这都是可以为简历加分的经历。

无论是工作经验，还是社会实践，一定只写与应聘职位有关的经验，不要把不相关的也写上去。社会实践的写作通常按时间倒序来排序。实践经验要按照实践单位—职位—负责的内容—取得了何种效果的顺序来写。写的时候要以事实为依据，关键点要用数字来表现。在写自己的实践经验时，不要写“业绩获得极大提高”“客户非常满意”等，这些是让人无法清楚了解业绩程度的。

5. 教育经历和荣誉

教育经历按照时间倒序排序，最近的学历排在最前，如此类推回去，最远追溯到高中即可。对于应届生，如果在校期间的成绩优秀可以写出来，否则不要写。荣誉一般包括得过优秀干部、三好学生、奖学金这类的奖励。

6. 语言、计算机与职业资格证书

英语、计算机水平要注明等级、类别。其他的职业资格证书，如秘书职业资格证、人力资源管理师证、初中级会计师证等，则根据应聘的职位要求相应地放进简历中。上述证书的复印件必须附带。

阅读资料

两份独特的求职材料

在某大型企业集团公司人力资源部罗部长那里，保存着两份求职材料。一份做得很华美、精致，每一页都贴着照片，有职业装照、生活照。材料中介绍自己如何多才多艺，尽显学校时种种活动的辉煌业绩。另一份则做得很朴实，连照片都是黑白的。材料中除了介绍自己在专业和学校取得的成绩外，还把每个假期打工心得及撰写的对打工单位改进工作的建议设想、感受等用钢笔写的原始资料复印件全部附上。罗部长说，后一份材料让他耳目一新，虽然对打工单位的建议设想显得幼稚，有些地方甚至可笑。但面对这样一位主动锤炼自己，有丰富实践经验，有良好工作心态，善于主动观察和思考问题，有独立见解，敢于实现梦想的年轻人来说，他没有拒绝的理由。

（二）面试应对基本技巧

应对面试要注意以下基本技巧。

1. 了解面试目的

面试环节主要考查求职者的思维能力、分析能力、表达能力、应变能力、操作能力、个人形象、心理素质等。通过面试，招聘者要了解求职者是怎样的一个人。秘书求职者应当根据自身的实际有针对性地加强相应的修养和锻炼。

2. 知晓面试形式

面试形式一般有口试答问、情景模拟和设备操作。

（1）口试答问：是普遍采用的面试形式，一般是指主考官提出问题，求职者回答问题，前者根据后者回答情况进行评分。它又可以分为交谈式、答辩式、讨论式等。

（2）情景模拟：让求职者进入某种角色，如操办会议、出席宴会、接待客户、处理危机情况等，以便观察求职者的综合素质。

（3）设备操作：主要是计算机方面的操作，如 Office 相关软件操作，也包括其他办公设备如打印机、复印机、传真机的使用。

3. 做好面试准备

面试准备主要着眼于了解招聘单位、梳理个人情况和修饰仪表仪容。

（1）了解招聘单位：在面试前，求职者应当尽可能地收集招聘者的信息，求得主动，因为在面试中主考官很可能会与你谈及本公司的情况，如果一问三不知，就会给人留下你对该单位缺乏兴趣的印象。求职者可以收集招聘者发送的资料，也可以向别人打听，或去网络上查阅相关资料，做到心中有数。

（2）梳理个人情况：对个人的信息要在大脑中进行整理分类，尤其是简历中的相关内容，因为这些都可以成为面试时主考官提出问题的依据，如果回答杂乱无序或与面试内容相反，这都会给主考官留下非常不好的印象。

（3）修饰仪表仪容：得体的服装和良好的修饰是面试时求职者留给主考官的最直接的也是最感性的印象，其作用不容忽视，它能够表明求职者的修养和态度。一般来讲，女性穿较为正式的服装，淡妆，适当佩戴首饰；男性穿深色西装，头面整洁干净。

4. 把握答问技巧

答问技巧主要把握好求准确、善应变、讲策略和巧答难几个原则。

（1）求准确：在回答问题时，答非所问、含糊其词、支支吾吾、牵强附会等，都是主考官难以接受的。求职者必须认真倾听主考官的问题，仔细推敲，弄清实质，然后迅速作出准确的回答；同时还要求求职者做到语言得体，答问适度，要针对不同的场合、针对不同的主考官，作出适合主考官的回答。

（2）善应变：面试时，主考官提出的问题可能有很大的“随意性”，求职者要保持镇定的心态，理清思路，找准角度，机智作答。另外，求职表述必须注意到主考官的实际情况差异，许多主考官之所以不按照一般的规律、程序、办法来提问，有的是追求创新，也有的是自身喜好所致。

（3）讲策略：要使自己的回答能够掷地有声，收到成效，就应该在回答时讲究策略，不管是相对而言的长篇宏论，还是片言只语，该明确的要明确，该模糊的要模糊，该直言不讳的就直言不讳，该委婉含蓄的就委婉含蓄，该先说的就先说，该后说的就后说等，使回答呈现出逻辑性。

（4）巧答难：面试时，主考官可能会提出一些不好回答、难以回答甚至使人陷入困境的问题，如何回答这些难题成了求职者回答提问时的关键。求职者想顺利地回答出难答之处，需要一定的“四两拨千斤”的技艺，面对疑难困境应该化不利为有利，力求实话巧说。重要的是保持好临场的心态，掌握主动权。

阅读资料

秘书求职面试三关

秘书求职面试要把握好三关，即专业知识关、职业形象关和应聘资料关。

一、专业知识关

专业知识是秘书应聘的基础，也是秘书能够被用人单位录取的价值所在。虽然很多时候，用人单位在简历中已经对应聘者的专业技能有了了解，但是在面试过程中，他们还是会突然问一些与专业有关的问题。因此，面试前尽可能将那些与求职岗位相关的专业知识熟记于心，尤其是那些对专业知识有高要求的高级秘书岗位。

二、职业形象关

职业形象是面试的重点，主要表现在语言表达和礼仪修养上。对于秘书岗位来说，职业形象更是重中之重，包括面试时的言谈举止、衣着打扮等。面试中的语言表达和礼仪修养成为求职者最容易出现失误的地方，也是很多人求职失败的直接原因。

面试能否顺利通过，与心理素质的好坏有着很大的关系。所以，保持良好的心态对求职者来说非常重要。一般来说，拥有良好的语言表达能力和礼仪修养是一项综合能力，需要一定时间的实践和练习。单纯看这些方面的书籍或者文章并不能达到这个目标。求职者如果感觉在这方面有所欠缺，可以进行专门的秘书礼仪和面试辅导，以提升自己的职业形象和面试技巧。

三、应聘资料关

面试资料包括用人单位资料和个人资料两部分。

用人单位资料就是指用人单位的规模、实力、内部管理情况、发展前景等。了解用人单位资料不仅可以帮助你找到自己理想的单位，还可以在面试中助你一臂之力。得到这些资料的途径比较多，可以通过网络、招聘单位的自我介绍、亲友的帮助等。

个人资料主要包括：学历证明，如毕业证书、学位证书等；相关证明，如秘书职业资格证书、英语等级证书、计算机等级证书、其他培训证书等；必要证件，如身份证、驾驶证等；个人简历，可以是求职者自己设计的，也可以按照要求到用人单位索取后填写的；辅助材料，如个人求职信、他人推荐信、个人作品等。这些材料要根据招聘者的要求选择提供，一些证书和证件在面试时一般要提供原件，同时还应当准备好复印件。

资料来源：金常德．秘书职业概论［M］．重庆：重庆大学出版社，2010.

阅读资料

面试“十大必考题”应答策略分析

一、为什么想进本公司?

这通常是面试官最先问到的问题。此时面试官就开始评断录用与否了，建议大家先提前判断自己去应征的工作性质，是专业能力导向或是需要沟通能力。市场多以服务为方向，所以口才被视为基本能力之一，因此在面试时就要好好表现自己的口才。而口才较差者就务必表现出自己的专业能力，以弥补口才的不足。

回答这个问题时，一定要积极正面，如想要使自己能有更好的发展空间，希望能在相关领域中有所发展，希望能在公司多多学习等。此时可以稍稍夸一下面试公司，但切记一定要诚恳，不然可能会画蛇添足。对于社会“新鲜人”的建议是，由于之前没有工作经验，所以可以坦诚地说出自己的动机。

二、喜欢这份工作的哪一点?

每个人的价值观不同，自然评断的标准也会不同，但是，在回答面试官这个问题时也不能太直接。一些回答是不错的考虑，如交通方便、工作性质及内容符合自己的兴趣等。如果这时自己能仔细思考出这份工作的与众不同之处，在面试上也会大大加分。

三、请你自我介绍一下。

这道题看似简单，实则处理不易。既要注意内容与简历一致，又要尽量避免太过俗套。尽量口语化，条理清晰，层次分明。

四、自己的优缺点是什么?

许多面试官都喜欢问这个问题，目的是检视人才是否适当、求职者的诚恳度等。在面试之前应该好好分析自己，将自己的优点与缺点列张单子，在其中挑选是缺点也是优点的部分，在回答问题时，以优点作为主要诉求，强调可以为公司带来利益的优点，如积极、肯学习是最普遍的回答；而缺点部分则建议选择一些小缺点，这样才不会使面试官太过针对缺点作发挥，造成面试上的困难。

五、对工作的期望与目标是什么?

这是面试者用来评判求职者是否对自己有一定程度的期望、对这份工作是否了解的问题。最保险的回答应该先说明你要发展或进取的专业方向，并表明你脚踏实地的工作态度。建议最好针对工作的性质找出一个答案。

六、你有什么业余爱好？

有些人把这个问题简单理解为用人单位想招聘特长生，这是个错觉。其实用人单位多想借此判断求职者的性格、涵养、为人以及品德。因此注意不要说出令人感觉不好的爱好。但也不要仅限于读书、听音乐，否则给人感觉应聘者性格孤僻，最好能有一些户外业余爱好。

七、选择这份工作的原因为何？

这是面试官用来测试应聘者对工作理解度的问题，借以了解求职者只是基于对工作的憧憬或是确实的兴趣来应征这份工作，建议回答以个人的兴趣配合工作内容特质，表现出高度的诚意。

八、你认为相关产业的发展怎么样？

这也是事前的准备，多阅读一些相关的新闻或文章，做一些思考，表现出自己对相关产业的认识。若是初次接触此行业，建议采取较为保守的方式，以目前资讯所提供的资料为主作答，以表现出高度兴趣及诚意为指导原则。

九、你希望的待遇为多少？

这是一个非常敏感的问题。目前，一般大型企业在招聘时会事先说明基本底薪等薪资待遇，而一般中小型企业有许多仍以个人能力、面试评价作为议薪的标准。所以建议求职者利用现在网络查询薪资定位的相关资料，配合个人的价值观、经验、能力等条件，做出最基本的薪资底线。这时建议无工作经验者采取保守的态度，以客观资料作为考量重点。“依公司规定”的回答是不被建议的，这样不但表示出自己对于工作的自信程度不高，在薪资无法符合个人要求时更会造成许多困扰。

十、你有什么工作经验，在工作中学习到了什么？

注意避免空洞，要用事实、数据说话，说出自己在实践中的表现、成果、收获。建议此时可以配合面试工作的特点作为主要依据来回答，如业务工作需要与人沟通，便可举出之前与人沟通的例子，经历了哪些困难，学习到哪些经验。把握这些要点做陈述，一般可以获得好评。

资料来源：谢洪伟．面试“标准”答案［J］．中国大学生就业，2015（22）：11.

第二节 秘书职业生涯规划

案例分析

最近一段时间，华荣公司行政办公室秘书尹晓雯有点儿困惑，自己在华荣公司工作3年了，一直是行政办公室的秘书，做的全是辅助性的工作。难道一辈子就要这样吗？

她很困惑，也很迷茫……

讨论：运用所学专业知识分析尹晓雯为什么有这样的困惑，她应该如何消除这样的困惑？

个人职业生涯规划是一个人为了实现自身职业目标和追求个人发展而制订的长期计划。一个完整的个人职业生涯规划应该包括以下几个方面：自我评估和目标设定、职业调研和探索、学习和职业发展计划、行动执行和实践经验、职业网络和人际关系建立、定期评估和调整等。个人职业生涯规划的目的是帮助个人明确自身的职业目标和规划途径，全面发展自身优势，克服困难，持续提升自身职业素质，并在不同的阶段不断调整和完善。一个良好的个人职业生涯规划有助于个人职业的持续发展和满足个人成就的追求。

一、秘书职业生涯规划的含义

秘书职业生涯规划是指秘书结合自身情况以及眼前的机遇和制约因素，为自己确立职业目标，选择职业道路，确定发展计划、教育计划等，并为自己实现职业生涯目标而制定行动方向、行动时间和行动方案。

秘书在进行职业生涯规划时，首先要了解职业锚的概念。职业锚是指当一个人不得不做出选择的时候，他无论如何都不会放弃的职业中的那种至关重要的东西或价值观，实际上是人们选择和发展自己的职业时所围绕的中心。所以，秘书制定自己的职业生涯规划时，在寻找工作或准备跳槽时，一定要了解自己的职业锚是什么。

二、秘书职业生涯规划的作用

秘书职业生涯规划对秘书职业发展有着重要的作用，可以归纳为以下几点：

（1）以既有的成就为基础，确立人生的方向，提供奋斗的策略；

（2）突破并塑造全新充实的自我；

（3）准确评价个人特点和强项；

（4）评估个人目标和现状的差距；

（5）准确定位职业方向；

（6）重新认识自身的价值并使其增值；

（7）发现新的职业机遇；

（8）增强职业竞争力；

（9）将个人、事业与家庭联系起来。

三、秘书职业生涯规划的步骤

秘书职业生涯规划在设计过程中因人、因时、因环境不同而不同，在实施中也在不断修正和调整，但秘书职业生涯规划在设计和实施中也存在着共性，一般要经历如下阶段：自我评估与环境分析、选择职业生涯目标和职业生涯路线、制订行动计划和措施、评估与回馈。

（一）自我评估与环境分析

秘书自我评估的目的，是认识自己、了解自己。自我评估包括对自己的兴趣、特长、性格、学识、技能、智商、情商、思维方式、思维方法、道德水准以及社会中的自我等的评估。

环境分析也是对职业生涯机会的评估，主要是评估各种环境因素对自己职业生涯发展的影响。环境因素评估主要包括：（1）组织环境；（2）政治环境；（3）社会环境；（4）经济环境。

秘书通过自我评估与环境分析，可以找出自己职业生涯中存在的问题，对工作是否满意，工作环境如何，别人对自己的评价如何，发展潜力有多大，离自己的人生各阶段目标有多远。

（二）选择职业生涯目标和职业生涯路线

职业生涯目标的设定，是职业生涯规划的核心。一个人事业的成败，很大程度上取决于有无正确适当的目标，其目标确定是以自己的才能、性格、兴趣、环境等信息为依据。

在确定职业目标后，向哪一路线发展，此时要做出选择。通常职业生涯路线的选择须考虑以下三个问题：

（1）我想往哪一条路线发展？

（2）我能往哪一条路线发展？

（3）我适合往哪一条路线发展？

如果组织内部仍有发展空间，也可实现自己的近期目标，应考虑内部发展。基本上有三个方向：

（1）纵向发展，即职务等级由低级到高级的提升，如从人力资源部文秘晋升为主管；

（2）横向发展，指在同一层次不同职务之间的调动，如从人力资源部文秘调至企划部文秘；

（3）向核心方向发展，虽然职务没有晋升，但是却担负了更多的责任，有了更多的机会参加组织的各种决策活动，如从人力资源部文秘调至总裁办文秘。

以上这几种发展都意味着个人发展的机会。

在正确、客观评价自己和组织的前提下，如组织内部没有发展空间，目前的环境束缚了自己的发展，不利于自身目标的实现，可考虑立即离开该组织，另谋职位。这里可以利用一些工具进行测试，如职业满意度问卷等。

（三）制订行动计划与措施

这里所指的行动，是指落实目标的具体措施，主要包括工作、训练、教育、轮岗等方面的措施。秘书不论选择了什么目标和职业生涯路线，都必须制订计划和措施，以实现自己的职业目标。例如，在工作方面采取什么措施提高工作效率；在业务素质方面，计划学习哪些知识、掌握哪些技能、提高哪些业务能力；在潜能开发方面采取什么措施开发等，都要有具体的计划与明确的措施，并且这些计划要特别具体，以便于定时检查。

（四）评估与修订

俗话说："计划赶不上变化"，要使职业生涯规划行之有效，就必须不断地对职业生涯规划进行评估与修订。其修订的内容包括：职业的重新选择；职业生涯路线的选择；人生目标的修正；实施措施与计划的变更等。所以，职业生涯规划并不是一成不变的，也必须在一定时期内回过头来进行评估与修订。

总的来说，秘书职业生涯规划因人而异，关键是有职业目标，制订周密的实施计划，再不断地评估和修订。

职业生涯规划要有具体的实施方案，秘书可通过表 7－1 对自己的职业生涯进行规划。

表 7－1　秘书职业生涯规划方案

项目	内容
分析基准	1. 我的人生价值是什么？ 2. 环境是否有利于我的成长？ 3. 成长的最大障碍在哪里？ 4. 我现有的技能和条件有哪些？
目标与标准	1. 我处于秘书职业生涯的哪一阶段，这一阶段的特点是什么？ 2. 可行的职业生涯方向是什么，为什么这个目标对我而言是最可能的目标？ 3. 如何判断自己的成功？
职业生涯策略	1. 职业生涯发展内部路线与外部路线是什么？ 2. 如何进行相应的角色转换？ 3. 如何进行相应的能力转换？ 4. 对我而言还有什么不能解决的问题？
职业生涯行动计划	1. 执行计划是否做到按长期计划—年度计划—月计划—周计划—日计划进行分解？ 2. 我将分别在何时进行上述每一行动计划？ 3. 有哪些人将会/应当加入此行动计划？
职业生涯考核	1. 我什么做得好？什么做得不好？ 2. 我还需要什么？是需要学习，需要扩大权力还是需要增加经验？ 3. 怎样应用我的培训成果？我拥有什么资源？ 4. 我现在应该停止做什么？开始干什么？培训和准备的时间如何安排？
职业生涯修正	1. 职业的重新选择。 2. 职业生涯路线的重新选择。 3. 人生目标的修正。 4. 实施措施与计划的变更等。

四、秘书职业生涯的评价

秘书在选择职业或者对职业生涯进行评价时，要客观地对自己的性格与职业生涯进行分析，这样才能够正确地做进一步的决策。职业生涯成功的主要评价指标见表 7－2。

表 7-2　职业生涯成功的主要评价指标

评价方式	评价者	评价内容	评价标准
自我评价	本人	1. 自己的才能是否充分施展。 2. 对自己在企业发展、社会进步中所做的贡献是否满意。 3. 对自己的职称、职务、工资待遇等方面的变化是否满意。 4. 对处理职业生涯发展与其他人生活动的关系的结果是否满意。	根据个人的价值观念及个人的知识、水平、能力。
家庭评价	父母、配偶、子女等家庭成员	1. 能否得到理解和肯定。 2. 能否给予支持和帮助。	根据家庭文化。
企业评价	上级、平级、下级	1. 是否有下级、平级同事的赞赏。 2. 是否有上级的肯定和表彰。 3. 是否有职称、职务的晋升或相同职务责权范围的扩大。 4. 是否有工资待遇的提高。	根据企业文化及其总体经营结果。
社会评价	社会舆论、社会组织	1. 是否有社会舆论的支持和好评。 2. 是否有社会组织的承认和奖励。	根据社会文明程度、社会历史进程。

素养园地

如何做好职业起步期的职业规划

职业生涯如同一场漫长的航行，而职业起步期便是校准航向、积蓄动力的关键阶段。此时的我们，既满怀对未来的憧憬，也常因前路的未知而倍感迷茫。能否在这一时期做好科学规划，直接关乎职业生涯的长远发展。以下从三个方面谈谈如何为职业起步奠定坚实的基础。

一、明确自身核心优势

职业起步阶段，理性剖析自身能力优势，再据此选择职业方向，是职业规划的首要前提。了解自身优势可从以下三类技能入手。

（一）做事技能

做事技能包括协调资源、把控流程、处理具体事务等实操能力，是完成岗位任务的基础能力。

（二）人际技能

人际技能包括服务意识、沟通技巧、团队协作、讨论能力、指导他人及服从安排等，是在职场中建立良好关系的核心能力。

（三）数据处理技能

数据处理技能包括数据对比、整理归纳、统计分析、优化整合等，在信息时代已成为许多岗位的重要竞争力。

二、全面认知自身能力

初入职场的新人，职业潜力往往远超预期，切不可因初期能力短板而自我设限。先天不足可借后天弥补，职场培训是提升基本素养、通用技能与专业能力的有效途径。职场新人可从以下几方面提高自身能力。

（一）多方听取反馈

与身边同事、朋友交流，了解他们眼中的自己，从而清晰界定自己的优势与短板。有时，他人的评价会与自我认知存在差异——比如有人一直认为自己感性，却被多人评价为理性，这类反馈恰恰能帮助我们更客观地认识自我。

（二）借助专业测评

通过职业人才测评，可更精准地定位适合自己的职业方向。例如，有人曾因不擅长与人交往，误以为自己只适合独立工作，却在测评中发现“建立长期客户关系”项得分极高，由此重新认识了自身潜力。

（三）主动提升短板

若遇到感兴趣但暂不擅长的职位，可通过培训、学习、咨询等方式有针对性地提升能力。

（四）正视职业选择

即便选择了暂时不擅长的职业，也应做好持续学习的准备。要相信后天培养与训练成专长的可能性。不必追求超越所有同龄人，只需在现有团队中做到优秀，便是阶段性的成功。

三、夯实基础的三个关键

（一）克服“学生气”，培养职业化素养

职场新人需首先摆脱“不关注职业细节”的“学生气”，要以“专业人士”自居，从内心接纳职业化进程，并在细微处严格要求自己，如规范言行、注重流程等。

（二）秉持好态度，奠定成功基石

初入职场易碰壁，往往源于对“外显态度”重要性的忽视。态度的积极性，更多体现在可观察的行动中。是否投入足够时间对待工作，是衡量重视程度的直接标准。

（三）勇于请教，汲取经验智慧

职场新人遇到不懂的问题，应及时请教，不必顾虑对方的态度。以平和心态与同事相处，多数情况下都会得到回应。即便对方略有不耐烦，也远胜于因迟疑而延误工作。工作中常有资深同事乐于分享经验，若对方愿意花时间与你沟通，说明你的问题正是其想传递的经验，此时应抓住机会深入请教，直到彻底理解。

职业起步期虽充满挑战与不确定性，但只要做好规划、稳步前行，定能在职业道路上找到属于自己的坐标。

资料来源：刘敏. 手把手教你做好职业规划. 现代商业银行杂志微信公众号，2024-07-08.

练习与实训

一、思考与讨论

1. 收集若干秘书的招聘信息，运用本章所学知识制定你的职业发展规划，并与同学讨论。

2. 采访若干位公司中的秘书，了解他们日常的工作内容、职业发展途径，并虚心向他们请教大学期间应该怎样做好秘书职业的准备工作。记录下你的采访手记，并编制成一期的简报，供大家讨论。

二、职业测试

目前网上提供许多免费的关于职业兴趣的测试，如霍兰德职业兴趣测试题、职业锚、职业价值观测试题、职业能力倾向测试题、职业决策成熟度测试题等，请进入相关网页，测试自己的职业兴趣，找寻自己的职业目标。

案例分析

案例 1：听不清楚上司的指示

周丽是今年刚从大学毕业进入职场的年轻秘书，其上司是位年纪很轻、能力很强的男性。由于上司讲话声音很轻且方言口音较重，周丽一直听不清楚他的指示。自己才工作没有经验，完全不知道怎么才能适应上司。

问题：面对这样的情况，如果你是周丽，你应该怎么做？

案例 2：突然被委派的“重任”

行政部的负责人张强刚辞职，总经理将其助理李晓叫进了办公室，正言道：“张强这一走很突然，我也没有料到。这样吧，你先暂时接替下他的工作。”李晓在该公司待了 6 年，一直是总经理的得力助手，对公司的各方面都非常了解。此时李晓担心的是张强的突然离职，是否有难以解决的遗留问题，且名不正言不顺，自己本来事务繁忙，能否胜任该职位。在总经理的劝说下，李晓勉强答应暂时接替张强的工作。

问题：你觉得李晓此时的担心是否多余？如果你是李晓，你将如何开展工作？

案例 3：小许的苦恼

小许在读硕士研究生时，就是小有名气的笔杆子，在报刊上发表过不少小说、散文和学术论文。通过公务员招聘考试当上市长的秘书后，小许的文才好像不够用了，为市长起草的讲话稿，总是让市长改得“满堂红”，有时还要重写几次。小许似乎对自己丧失了信心。

秘书长老王似乎看出了小许的苦恼，他找小许谈心说：“秘书工作中的写作，也要讲究个主辅配合，你对起主导作用的领导理解不够，自然也就写不出令他满意的文章来。”接着，他拿出市长出版的几部专著和一些发表的文章，说读读这些材料，可能对小许会有所帮助。

小许认真读了市长的著作和文章，并对著作和文章中经常引用的马列原著、经济和管理方面的名著也进行了系统的学习，又留心观察市长的工作思路、讲话风格。通过不断的学习、理解、观察，再写市长的讲话稿，思路就活起来了，市长也越来越满意了。

问题：你从本案例中学到了什么？

案例4：研究生应聘秘书

有一位求职者准备应聘大洋公司总裁邬魁亮的秘书。他满怀信心地走进总裁的办公室，准备把自己的论文及证件交给总裁邬魁亮，并回答总裁提出的各种有关秘书方面的问题。可他万万没想到总裁提出了一个令他始料不及的问题：

“你刚才所上的楼梯共有多少台阶？”总裁邬魁亮问道。

研究生一时瞠目结舌。可他急中生智，果断地反问道：

“您能一下说出‘邬魁亮’三个字有多少笔画吗？”

总裁邬魁亮哈哈大笑，决定聘用这位研究生做他的秘书。

问题：你从这个案例中得到什么启示？

案例5：与人为善　助人为乐

自大学毕业后，华君在某外贸公司以秘书工作为起点，开始了职场历练。他积极表现，与人为善，工作一年后，就理顺了公司内部关系，同时也在公司内部营造了一种善于沟通、崇尚和谐的良好氛围，因此深受领导喜欢，不久就升为秘书科主任。

年终，公司由于资金运作困难，一时间员工工资无法全额发放，部分员工言行过激，纷纷涌向总经理办公室，讨要说法。华君推心置腹地与员工沟通，认真倾听并真心理解他们的苦衷，告诉他们公司并非有意拖欠工资，而是“三角债”迫使公司做出不得已的做法。员工们在他动之以情、晓之以理的劝说下，逐渐消除了对抗情绪。对于个别有困难的员工他还及时给予经济援助。

华君在回忆自己的职业生涯时，这样说道：“秘书工作大部分都是行政性、事务性的管理。要想从琐碎的行政事务性工作中体现出秘书的价值，就得怀着一颗仁爱的心，做一个正直善良有爱心的人。超越‘琐碎’，与人为善，将工作做到大家的心坎里。”

问题：你认为华君的成功之处在哪里？

参考文献

[1] 范立荣，王守福. 现代秘书学教程. 6版. 北京：首都经济贸易大学出版社，2024.

[2] 林静. 秘书实务精讲与实训. 北京：清华大学出版社，2023.

[3] 汤秀莲，宋京津. 商务礼仪. 3版. 北京：清华大学出版社，2024.

[4] 卫旭华. 团队建设与管理. 北京：中国人民大学出版社，2024.

[5] 张同钦. 秘书学概论. 4版. 北京：中国人民大学出版社，2023.

[6] 张铁楠. 秘书职业能力新论：模型建构与应用策略. 北京：北京大学出版社，2024.